정치

POLITICS: A Very Short Introduction, First Edition

First edition was originally published in English in 2000.
Korean translation rights arranged with Oxford University Press
through EYA(Eric Yang Agency).

첫 단 추 시 리 즈
025

정치

케네스 미노그 지음
공진성 옮김

교유서가

차례

머리말

토마스 만은 "우리 시대에 인간의 운명은 그 의미를 정치적 용어로 표현한다"고 말한 바 있다. 시를 즐기거나 연애를 할 때 우리가 동시에 어떤 정치적 입장을 표명한다고 믿는 대학의 많은 고루한 사람들에게 이 말은 분명히 참이다. 그러나 상식적 수준에서 볼 때, 이 시각은 우리가 하는 모든 것이 성적 욕망의 표출이라는 속류 프로이트주의자의 의견만큼이나 어리석다. 예이츠는 만에게 이렇게 대답했다.

저 소녀가 저기 서 있는데 어떻게 내가
로마의 정치나 러시아의 정치
또는 스페인의 정치에

주의를 고정할 수 있을까?

상식이 핵심이다. 정치에서 다루는 사안들은 진짜이지만, 그에 대한 주장들은 (대체로) 참이거나 거짓이다. 사람들은 피 흘리고 죽는다. 정치는 우리가 서로 이야기할 수 있는 대상인 공통의 세계를 어렵게 유지하고, 철학자들은 경험을 관점, 지평, 감각정보, 가치, 지배, 문화 등으로 분해함으로써 저 공통의 세계를 파괴할 것이다. 정치는 인간의 삶의 틀을 유지시켜 주는 활동이지, 인간의 삶 자체가 아니다. 회의적 철학자, 도덕적 상대주의자, 대학의 냉소적 사회비평가, 종교적 몽상가, 예술적 선각자는 우리의 문명 안에서 자기의 자리를 가지고 있지만, 그들의 정치 관여는 특히 지난 두 세기 동안 유쾌하지 않았다. 정치가 삶의 여러 방식들을 규정할 수 있기 때문에도 이런 모험들로부터 거리를 둘 필요가 있다는 것을 경험은 보여준다. 그러나 정치라는 활동은 단숨에 영웅주의와 이중성으로 가득한 인간의 삶이 된다. 정치를 이해한다는 것은 이 시간과 저 장소에서 정치가 얼마나 다양할 수 있는지를 아는 것이다.

이 입문서는 간략하게 정치를 분과학문의 맥락과 역사적 맥락에 놓으려고 한다. 정치라는 활동의 이론과 실제 모두를 명확히 하고 그 과정에서 한두 가지 오류에서 벗어나려고 시도한다. 그러나 저자는 한 사람에게 오류처럼 보이는 것이 다른 사람에게는 열정적 참여처럼 보일 수 있다는 것을 충분히 알고 있다.

1994년 9월

케네스 미노그

제 1 장

전제군주는 왜 정치에 속하지 않는가

바그다드의 칼리프 하룬 알라시드는 백성들이 무슨 생각을 하는지 알아내기 위해 거지로 위장했다고 한다. 절대 권력 주위로 모여드는 아첨꾼들에 둘러싸여 있었던 그는 이런 이상한 방법으로만 사안의 진상을 알아낼 수 있었다. 하룬은 셰에라자드에게 사형을 선고했지만 그녀가 1000일 동안 매일 밤마다 갖가지 이야기로 자기를 매혹하자 처형을 연기하고 마침내 그녀와 결혼한 것으로 유명한 칼리프이다. 이 이야기는 정복에 의해 창조되어 공포에 의존하다가 결국 변덕으로 끝나는 어떤 질서의 체계, 즉 전제(專制)의 널리 알려진 모습이다.

전제적 통치 체계에서 질서의 궁극적 원칙은 전제군주 자신의 성향에서 나온다. 그렇다고 해서 전제적 체계에서 정의

(正義)가 전적으로 의미가 없는 것은 아니다. 전제적 체계는 일반적으로 매우 전통적인 사회에서 지배적이었다. 그런 사회에서는 관습이 왕이고, 정의의 주요 요건들이 사물의 자연적 질서의 일부처럼 여겨진다. 각각의 사람은 신성하게 인식되는 도식에 자신을 맞춘다. 왕조는 중국인들이 '천명(天命)'이라고 부르곤 하던 것에 따라 흥하고 망하지만, 농민의 삶은 거의 바뀌지 않는다. 모든 것이 지배자의 지혜에 달려 있다. 기원전 11세기 블레셋 사람들과 다투던 이스라엘 사람들은 사무엘 선지자에게 가서 자신들을 재판하고 또한 전투에서 이끌어줄 왕을 가지게 해달라고 요청했다. 사무엘 선지자는 그런 왕이 그들의 재산을 가져가고 그들의 활력을 노예화할 것이라고 조언하며 이 움직임에 대해 경고했다. 그러나 이스라엘 사람들은 자신들도 다른 민족처럼 되기를 원하며 그러려면 자신들도 왕을 가져야 한다고 주장했다. 이 서남아시아적 맥락 속에서 '왕'은 유럽의 입헌군주와는 완전히 다른 통치자, 즉 백성들을 전제적으로 다루는 지배자를 의미했다. 이스라엘 사람들은 운 좋게도 사울, 다윗, 솔로몬으로 이어지는 뛰어난 통치자를 가질 수 있었고, 그들은 이스라엘에 짧은 기간이지만 질서와 어느 정도의 국제적 명성까지 가져다주었다. 두 여인이 한 아이를 두고 서로 자기 아이라고 주장한 문제에 대해 솔로몬이 제시한 해법은 그의 전설적 지혜를 보여주는 가장 유명

한 사례이다. 그러나 이 군주들조차 억압적인 군주로 변했고, 솔로몬의 거대한 계획을 위한 지출 부담은 결국 이스라엘을 분열시켰다.

'전제(despotism)'는 많은 변형들을 담는 포괄적 범주이다. 유럽 바깥의 문명들은 거의 언제나 이런저런 형태의 전제적 지배를 받아왔다. 그러나 서구인의 상상력을 일반적으로 압도한 것은 잔인한 파라오들, 칼리굴라와 네로 같은 미친 로마 황제들, 인도나 중국의 이국적이고 막연한 황제들이었다. 유럽에서 전제적 권력을 향한 욕망은 자기를 위장해야 한다. 히틀러와 스탈린의 경우에 그랬듯이 유럽인들은 이상(理想)이라는 매혹적 형태 속에 감추어져 나타나는 전제에 때때로 현혹되었다. 이 사실이 어쩌면 전제의 가능성이 공간적으로도 시간적으로도 멀지 않다는 것을 우리에게 상기시켜주는지도 모른다. 많은 나라들은 여전히 이런 방식으로 지배된다. 그곳에서 사람들은 언제라도 고통이나 죽음의 위협을 받을 수 있다. 그것은 마치 〔18세기 유럽의—옮긴이〕 광인수용소에서 사는 것과 같다.

오늘날 우리는 전제를 (독재 및 전체주의와 함께) 통치의 한 형태로 규정한다. 이 사실을 알았다면 고대 그리스인들은 아마도 까무러쳤을 것이다. 왜냐하면, 그들의 정체성 자체가 (그리고 다른 사람들보다 자신들이 우월하다는 생각이) 동쪽의 이웃들이 감내하는 전제와 자신들을 구별하는 것에 근거했기 때문이다. 이 대비가 드러내 보여주는 것은 문화와 환경이 달라지면 정치의 의미가 달라질 정도로 정치가 우리의 문명에 매우 핵심적이라는 사실이다. 그러므로 정치를 이해하려고 노력할 때 우리가 첫번째로 해야 할 일은 우리 자신을 현재에 대한 비성찰적 믿음에서 벗어나도록 하는 것이다. 이 책의 한 가지 목표는 한때 일부 서구 국가의 엘리트들이 수행하는 제한된 행위였던 정치를 어떻게 우리가 이제 인류의 피할 수 없는 관심사로 여기게 되었는지를 설명하는 것이다.

먼저 고대 그리스인들이 정치에 부여한 가치를 살펴볼 필요가 있다. 그리스인들이 확실히 알았었던 것은 자신들이 동양인이 아니라는 것이었다. 그들은 이집트나 페르시아 같은 동양의 제국들이 지닌 훌륭한 문화들을 종종 흠모했지만, 그곳의 사람들이 지배받는 방식을 보통 경멸했다. 그들은 이 낯선 시스템을 '전제'라고 불렀다. 왜냐하면, 그것이 주인과 노예의 관계와 전혀 다르지 않아 보였기 때문이다. 전사(戰士)인 그리스인들은 동양의 지배자 앞에서 신하들이 엎드리는 관습을 혐오했다. 그들은 이 관습을 시민과 이들을 다스리는 자 사이의 용인될 수 없는 형태의 불평등이라고 여겼다. 2000년 이상이 지난 후, 우리는 부복(俯伏)에 대한 정확히 똑같은 반성적 거부를 이어받는다. 부분적으로 그것은 부복이 기독교에서 신과 인간의 거리를 인정하는 의미로 사용하는 모습이 되었기 때문이다. 이 문제를 논의할 때 〔영어권 사람인—옮긴이〕 우리는 종종 라틴어에서 온 '도미네이션(domination)'이라는 단어를 사용한다. 그리스어 '데스포테스(despotes)'와 라틴어 '도미누스(dominus)'는 모두 권력의 특정 형태, 즉 노예의 주인이 행사하는 권력을 가리킨다. '독재'라는 말을 근대적으로 사용한 것과 20세기에 '전체주의'라는 말을 주조한 것은 우리의 자기 이해 속에 〔정치와 전제는 다르다는—옮긴이〕 이 생각이 여전히 중심에 있음을 보여준다.

전제의 핵심은 주인의 견제받지 않는 힘에 대해 실제적으로나 법적으로나 항의할 수 없다는 것이다. 신민(臣民)의 유일한 목적은 주인을 기쁘게 하는 것이다. 의회도 없고, 야당도 없고, 언론의 자유도 없고, 독립적인 사법부도 없고, 권력의 강탈로부터 법으로 보호받는 사유재산도 없고, 한마디로 말해, 전제군주의 목소리를 빼고는 어떤 공적인 목소리도 없다. 충분히 이상하지만, 그런 무력함이 전제가 영적 계몽을 일으키는 주목할 만한 원인이 되는 이유이다. 권력의 변덕에 의해 다스려지는 세상에 맞서 한 가지 반응이 나타나고, 생각이 깊은 신민들은 신비주의, 스토아주의, 그리고 다른 형태의 도피를 택한다. 이제 삶의 본질은 감각의 영역 너머에 있는 영적인 영역에서 발견되며, 사회적이고 정치적인 삶은 환상으로 여겨져

낮게 평가된다. 그 결과, 단기적으로는 몰라도, 보통 학문과 기술이 침체된다.

대부분의 사회는 군사적 정복에서 생겨나고, 그 군사적 정복으로부터 자연스럽게 전제는 시작된다. 그러므로 시민적 또는 정치적 질서를 창조하는 것을 훌륭한 성취로 인정해야 한다. 유럽인들은 세 번의 주목할 만한 기회에 그런 질서를 창조해냈다. 그러나 그중 두 번의 기회에 이룬 성취는 무너졌다. 첫번째는 고대 그리스의 도시국가에서였는데, 알렉산더 대왕 사후에 전제로 변했다. 두번째는 로마인들 사이에서였는데, 로마인들의 바로 그 성공이 제국을 이질적으로 만들어서 전제적 권력만이 제국이 해체되지 않도록 막을 수 있었다. 이 경험들 가운데 첫번째 경험은 스토아주의와 세상으로부터 도피하는 다른 철학들을 생성했고, 두번째 경험은 기독교의 온상이 되었다. 기독교와 서쪽의 야만인 왕국들에서 정치의 중세적 형태가 등장했고, 이것에서 다시 우리의 근대적 세계의 정치가 발전했다. 우리가 이 세번째 경험 안에 살고 있기 때문에, 우리는 근대적 세계의 정치를 오직 잠정적으로만 파악할 수 있고, 그것의 마지막 운명이 무엇일지 아직 알지 못한다.

그러나 서구 전통이 크게 의지해온 전제에 대한 거부가 이제 유동적이라는 것을 우리는 안다. 최근 몇 세기 동안 많은 사람들이 우리의 세계가 가진 명백히 불완전한 점들을 제거하기 위해 전제에서만 발견되는 매혹적인 힘을 이용할 꿈을 꾸었다. 유럽에서 나타난 전제의 기획은, 철학적이거나 계몽적인 종류의 기획조차도, 그것의 진짜 성격이 드러났더라면 실패했을 것이다. 정치는 부분적으로 환상 극장이므로, 새로운 이름과 개념이 쉽게 발명될 수 있다. 20세기에 전체주의적 형태의 전제에 대한 꿈은 거대한 정치적 실험실을 건설했고, 그 안에서 완벽한 사회를 창조하는 기획의 상이한 형태들이 시험되었다. 그 시험들이 실패했다는 것은 이제 모든 사람에 의해 인정되지만, 그런 거대한 격변이 우리 문명의 깊은 곳에 숨은 경향들에 상응한다는 것은 그리 널리 인정되지 않는다. 그러므로 정치를 이해하기 위해서는 우리 문명 속의 이 단층선과 다른 단층선의 표면 아래에서 무슨 일이 진행되고 있는지를 우리에게 말해줄 신호들에 대한 연구를 포함해야 한다.

널리 인정되는 하나의 실마리는 사적인 삶과 공적인 세계를 구별하는 현재의 상태이다. 사적인 세계는 가족의 세계이고, 개개인이 믿음과 이익을 스스로 선택하는 개인적 양심의 세계이다. 그런 사적인 삶은 모든 것을 아우르는 국가라는 공적인 세계 없이는 가능하지 않을 것이다. 자율적 연합에 적합한 법 구조를 국가가 유지해주기 때문이다. 공법(公法)이라는 이 지배적 구조가 자기의 한계를 인정하는 동안만 정치는 살아남는다. 페리클레스는 펠레폰네소스 전쟁의 첫해에 죽은 아테네인들을 위한 유명한 장례 연설에서 이렇게 말했다. "우리는 사적인 삶에서는 자유롭고 관용적이지만, 공적인 일에서는 법을 지킵니다." 공적인 것과 사적인 것 사이의 실제 경계는, 법에서나 사람들의 태도에서나, 물론 항상 변한다. 한때 공적으로 규제되곤 하던 동성애와 종교는 이제 대체로 사적인 일이다. 그 반면에 〔한때 사적인 일이던—옮긴이〕 부부강간과 아동학대는 점점 더 법에 예속된다. 정치를 우리가 느슨하게 자유 및 민주주의와 동일시할 수 있다면, 정치는 이런 구분을 인정한다는 점에서 전제와 구별된다.

고대의 전제국가에서 사회 안의 모든 것은 전제군주의 사적인 소유물이었지만, 근대 세계에서 이 기본적인 구분은 반대편에서부터 서서히 침식되어왔다. 사적인 삶의 그 어느 때보다도 큰 부분이 공적으로 규제되기에 이르렀다. 만약 논쟁적인 모든 것이 '정치적'이라고 불린다면, 그리고 만약 (대중적 구호가 주장하듯이) 개인적인 것이 정치적인 것이라면, 어느 것도 정부의 통제 범위 바깥에 남아 있지 않을 것이다. 이 주장은 보편적으로 받아들여지지는 않았지만, 20세기 전체주의의 기본 전제였다. 그 결과는 분명히, 근대 국가가 최근까지 누려온 독특하고 독립적인 (경제적, 종교적, 문화적, 사회적, 법적) 역할들의 계승을 파괴하면서, 개인을 단일한 통제 시스템 안에 가두는 것이다.

'개인적인 것이 정치적인 것이다(the personal is the political)' 같은 구호는 세상에 관해 진실을 말하는 것처럼 위장되어 있지만 사실은 행동을 제안하는 것이다. 저런 구호의 의미는 종종 불분명하지만, 휴면 상태의 암시를 담고 있다. 그 암시는 새로운 상황에서 깨어날 수 있고 개인의 자유와 같은 소중한 다른 가치들을 훼손하는 정책들을 요구할 수 있다. 이런 말이 있다. 자유를 위해 치러야 할 대가는 경계(警戒)이고, 경계의 한 가지 중요한 방식은 정치적 수사에 주의하는 것이다. 일이 어떻게 진행되는지를 그것이 종종 보여주기 때문이다.

정치에서 지혜의 시작은 변화의 신호에 주목하는 것이다. 환상 극장으로서의 정치는 주의 깊지 않은 사람의 눈에 그 의미를 드러내 보이지 않는다. 실재와 환상은 정치적 연구의 중심 범주이다. 문제는 제도의 이름 자체에서 시작된다. 서구적 방식이 지배하면서 이제 모든 국가가 일종의 정치를 가지게 되었고, 의회, 헌법, 권리 목록, 노동조합, 법원, 신문, 각료 등의 제도를 통한 보완을 실시하게 되었다. 그것은 같은 종류의 일이 전 세계에서 진행되고 있음을 암시한다. 그러나 이것만큼 진실에서 벗어나 있는 것도 없을 것이다. 예를 들어, 일본에는 총리라고 불리는 인물이 있지만, 일본의 총리가 다른 나라의 통치자들이 때때로 할 수 있는 방식으로 국가 정책을 집행할 수 없다는 것을 발견하지 못한 외국의 정치가들은 많은 실수를 저질러왔다. 또한, 1936년에 스탈린은 소비에트 연방의 인민을 위한 권리와 보호장치로 가득한, 세계에서 가장 앞선 헌법이라고 널리 주장된 것을 공표했다. 그러나 실상은 스탈린이 바로 그 순간에도 조작된 재판에서 소비에트 엘리트를 '숙청'하는 일에 관여하고 있었다는 것이었다. 그의 백성들은 대중에 의해 총살되고 있었다. 정치인들이 거짓말을 한다는 사실도 안 알려진 것은 아니지만, 우리를 훨씬 더 혼란스럽게 하는 것은 이름과 실재 사이의 복잡한 관계이다.

우선, 정치라는 이름 자체가 그렇다. 개념이 너무 확장되면, 끊어지고 유용성을 잃는다. '정치'는 한때 그저 군주, 의회, 각료의 행위만을 가리켰고, 그들이 권위에 접근하는 것을 돕거나 방해하는, 정치적으로 헌신적인 사람들의 활동을 가리켰다. 그 밖의 모든 것은 사회적 삶이거나 사적인 삶이었다. 정부 권력의 팽창과 함께 거의 모든 것이 이러저러한 방식으로 '정치적'인 것처럼 묘사되기에 이르렀다. 이에 대한 많은 이유 가운데 단 한 가지만 여기에서 언급하겠다. 모든 좋은 것에 대해 자기의 공적을 주장하길 원하는 정부여당과, 모든 나쁜 것에 대해 비난을 가하길 원하는 야당들이 좋고 나쁜 모든 것이 정책에 기인한다는 생각을 퍼뜨리는 일에 공모해왔다. 이런 생각은 국민을 정부에 청원하는 사람으로 바꿀 수 있다. 모든 유익이 정부에서 흘러나오는 것처럼 보이기 때문이다. 그리고 그것은 다시 모든 것이 실제로 정치적이라는 생각을 강화한다.

정치가 그 역할과 의미를 확장해온 또다른 이유가 있다. 정치는 아주 옛날 유럽에서 군주와 그 신하의 일이었고, 역사는 대개 그들의 행적에 관한 이야기였다. 그러므로 정치에 참여하는 것은 일종의 불멸성을 얻는 일이었다. 피델 카스트로가 1953년에 쿠바를 접수하려고 처음 시도했다가 실패했을 때, 그는 재판에서 다음과 같이 선언하며 자기를 옹호했다. "역사가 나를 사면할 것이다." 그는 자기를 연극적으로, 즉 역사라는 무대 위에 선 배우처럼 여겼다. 역사 속에서 일종의 불멸성을 추구하는 사람이면 누구나 정치에 뛰어든다. 잠재적 크롬웰들은 이제 더는 〔18세기 잉글랜드의 시인 토머스 그레이가 쓴 애가(哀歌)의 한 구절처럼—옮긴이〕 "자기 조국의 피를 묻히지 않은" 것과 어느 시골 교회 뒤뜰에 조용히 묻혀 일생을 마감하는 것에 만족하지 않는다. 그들은 정치에 뛰어든다. 프랑스혁명은 로베스피에르, 당통, 마라, 샤를로트 코르데, 생쥐스트 등과 같은, 혁명에 뛰어들지 않았더라면 무명이었을 개인들에게 바로 그런 명성을 가져다주었다. 혁명가들은 역사의 그래피티 예술가이다. 이들은 극단적인 경우이다. 대부분의 경우, 좀 더 부드러운 형태로 표출된 이 열정은 모든 사람에게 투표권을 부여하는 것으로 충족되었다. 보편적 선거권은, 물론 표의 가치를 감소시킨 인플레이션의 한 형태이지만, 온전한 인간이 된다는 것이 무엇인지에 관한 우리의 관념에 여전히 필수적이다. 한 영국 신문은 1994년에 처음으로 투표하는 남아프리카공화국의 어느 늙은 흑인의 모습을 1면에 보도하면서 다음과 같은 제목을 달았다. "앨리스가 역사에 자기 흔적을 남기다."

우리 근대인들은 (그리고 특히 자기를 탈근대인이라고 생각하는 사람들은) 정치의 본성에 관해 유독 혼란에 빠지기 쉽다. 우리의 관념이 우리 조상들의 관념보다 우월하다고 여길 독창적인 근거들을 우리가 창안해왔기 때문이다. 모든 문화가 자기의 고유한 관념이 유일하게 옳은 것이라고 믿지만, 오늘날의 배운 사람들은 유별나게 현재의 편견에 사로잡혀 있다. 예컨대, 진보라는 교리는 우리의 확신이 과거의 명백히 불완전한 관념들보다 더 멋지다는 것을 많은 사람들에게 암시했다. 현대의 지적 유행은 사실 진보 관념을 거부하고, 우리가 우리의 시간과 장소의 흔적을 얼마나 많이 간직하는지를 강조한다. 한 문화가 다른 문화와 평등하다는 것을 긍정한다. 이것은 외견상 우리를 우리 조상의 거만함에서 벗어나게 하는 회의주의의 한 형태이다. 왜냐하면, 그것이 우리의 의견을 다른 모든 사람의 의견과 같은 수준으로 낮추는 것처럼 보이기 때문이다. 그러나 그런 겉모습은 환상이다. 현대의 회의주의는 우리가 가진 바로 그 개방성이 우리의 상대주의적 휴머니즘을 과거의 교조주의와 타 문화에 대한 불관용보다 우월한 것으로 만든다는 교조적 확신을 감추는 가짜 겸손이다.

그러므로 정치에 대해 쓰는 사람은 누구나 자신이 속한 시대의 편협성의 위험을 경고해야 하며, 이런 경고는 확실히 예전보다 오늘날 더 필요하다. 널리 인식된 이 위험이 정치를 공부하는 것이 언제나 교양교육의 중심에 있어온 이유이다. 그리스와 로마의 귀족들은 출생과 함께 부여된 정치적 소명을 충족시키기 위해 법학, 철학, 수사학을 공부했다. 정치학이 교육의 핵심이 될 수 있었던 것은 매우 빠르게 정치가 성찰을 불러일으키고 탁월한 문헌을 만들어내는 자기의식적 활동으로 변했기 때문이다. 플라톤과 아리스토텔레스 같은 철학자들은 정치의 개념적 구조를 탐색했고, 헤로도토스 같은 역사가들은 정치적 발전의 이야기를 생생하게 보존했으며, 정치학자들은 (예컨대 아리스토텔레스는) 정체(政體)들을 연구했고 제도들이 어떻게 작동하는지를 연구했다. 이솝은 정치적 지혜를 우화로 바꿨으며, 데모스테네스와 키케로 같은 유명한 연설가들은 청중을 설득하기에 가장 적합한 논증의 형식들을 정리했다. 시인들은 정치적 주제들에 관한 애가(哀歌)와 풍자시를 썼고, 셰익스피어와 여러 극작가들은 정치적 상황에서 그들의 상상력을 가장 많이 자극하는 사건들을 발견했다. 정치를 주제로 삼지 않은 이해와 상상의 형태는 없다.

많은 것들이 정치를 비추는 거울이다. 정치의 실체는 거울에 비친 모습들이 이해라는 통일성 있는 도식을 구성할 때까지 오직 이 모습들의 결합을 통해서만 포착될 수 있다. 정치인들의 직접성과 연구자들의 간접성이 똑같이 많은 것을 제공해줄 수 있다. 우리는 양자를 통합하려고 노력해야 한다. 마키아벨리가 정치의 "실효적 진리"로서 추구한 것은 정치인에게만 적절한 것이다. 그것은 많은 것을 고려하지 않는다. 우리는 정치에 대한 우리의 관념에 기초를 놓은 사람들, 곧 그리스인과 로마인의 매우 다른 관념들을 살펴보는 것에서 시작해야 한다.

제 2 장

고대 그리스인: 어떻게 시민이 되는가

고대 그리스인들 사이에서 정치는 생각하는 새로운 방식이었고, 느끼는 새로운 방식이었으며, 무엇보다도 자기 동료와 관계를 맺는 새로운 방식이었다. 시민들은 부유함과 아름다움, 지능 면에서 서로 달랐지만, 시민으로서 평등했다. 시민들은 이성적이었기 때문에 평등했다. 이성적 존재들 사이의 유일하게 적합한 관계는 설득하는 관계이다. 설득은 말하는 사람과 듣는 사람 간의 평등을 전제한다는 점에서 명령과 다르다. 플라톤은 이런 형태의 정치적 삶에 관한 고상한 생각을 그의 대화편 『크리톤』에서 제시한다. 젊은이를 타락시켰다는 이유로 사형을 선고받은 철학자 소크라테스는 아테네를 벗어날 수 있도록 돕겠다는 친구의 제안을 거절했다. 자신이 달아나는 것이 그가 지금껏 살아온 방식으로 표출한 그 도시에 대한 의무와 이성적으로 일치하지 않을 것이라고 주장했다. 그에게는 한 잔의 독약이 주어졌는데, 그를 처형한 이 방식조차 폭력은 시민들 사이의 적절한 관계 방식이 아니라는 그리스인의 기본 신념을 반영했다. 그리스인 소크라테스는 자기 폴리스(polis)의 법에 자유롭게 복종했고 그렇게 하는 것을 자랑스러워했다. 그의 정체성 자체가 그의 도시와 결합되어 있었다. 최악의 운명은 추방당하는 것이었다. 추방은 정치적 죽음의 한 형태였다. 정체(政體)를 위협할 정도의 권력을 가지게 된 정치가들을 아테네인들은 때때로 도편(陶片)에 이름을 적어 내는 관습을 통해 추방했다.

우리는 그리스인들 사이에서 자유의 조건 대부분을 발견한다. 그것은 평등한 사람들 사이에서 살고, 오직 법에만 복종하며, 번갈아 다스리고 다스림을 받는 삶이다. 그리스인들은 이런 형태를 가진 사회를 창조한 역사상 첫번째 인민이었다. 확실히 그들은 자신들이 체험한 것으로서 그런 형태의 사회를 탐구하는 문헌을 만들어낸 역사상 첫번째 인민이었다. 정치는 '시민'이라고 불리는 이 새로운 존재에 고유한 활동이었다. 정치가 여러 형태를 취할 수 있지만, 심지어 참주정이나 찬탈 같은 타락한 형태를 취할 수도 있지만, 후기의 고대 그리스인들은 한 가지에 대해서만큼은 완강했다. 동양의 전제(專制)는 정치가 아니라는 것이다.

이와 같은 것이 공식 입장이며, 그것은 서구 문명에 매우 깊은 자국을 남겼다. 그러나 현실은 의심할 바 없이 훨씬 더 복잡했다. 민주적 파벌들과 과두적 파벌들은 도시 안에서 치열한 싸움을 벌였다. 농민들은 빈곤의 경계에서 살았고, 흉작은 그들을 빚 때문에 노예가 되도록 몰아갔다. 도시 안에서의 평등은 도시들 사이의 평등한 관계로 이어지지 않았고, 전쟁은 마치 풍토병 같았다. 그리스인들은 말하기 좋아하는 열정적인 사람들이었다. 그들의 정치는 종종 폭력적이었고 때로는 부패했다. 그러나 이 가운데 어느 것도 그들이 페르시아의 이웃들을 격퇴하는 (그리고 궁극적으로 정복하는) 일에서 거둔 승리와 같은 훌륭한 업적을 세울 수 있었다는 사실을 가리지는 않는다. 그들 시대의 문헌을 많이 읽을 때 우리는 그들을 동시대인으로 생각하기 쉽다. 합리주의자인 그들이 몇 천 년의 시간을 가로질러 자신들의 문화적 후손인 우리에게 현란한 말솜씨로 이야기한다고 생각하기 쉽다. 물론 많은 공통의 기반을 가지고 있지만, 그들은 종교와 관습, 인간의 삶에 대한 관념 면에서 우리와 엄청나게 달랐다. 바로 이 차이가 그들의 문명을 공부하는 일을 매우 흥미롭게 만든다.

그리스인들은 인본주의자였지만, 근대 세계에서 발견되는 (기독교에 의해 변형된) 인본주의와 결정적으로 다른 종류의 인본주의자였다. 그들의 기본 명제는 인간이 이성적 동물이라는 것이었고, 인간의 삶의 의미가 합리성의 실천에서 발견된다는 것이었다. 정념에 압도되었을 때 사람들은 부끄럽게도 존재의 열등한 형태로 추락했다. 자만이나 오만이 그들을 자신이 신이라도 되는 것처럼 생각하도록 이끌었을 때 그들은 자신의 인간적 한계를 보지 못하게 되었고 '네메시스', 즉 신들의 파괴적 진노를 입었다. 삶의 비밀은 인간의 자기에 대한 지식에, 그리고 인간적 능력들의 균형 있는 표현에 있었다. 법과 공공정책을 심의하는 일에서 사람은 자기를 표현하는 최고의 순수한 형태를 발견했다. 그것은 오직 한 도시의 정치적 삶 속에서만 누릴 수 있는 것이었다.

인본주의자들은 종종 그리스인들을 조상으로 여기지만, 그리스인들의 세계관은 한 가지 주목할 만한 (그리고 근대적 표현으로는, 혼란스러운) 내용을 함축하고 있다. 그것은 어떤 사람들이 다른 사람들보다 덜 이성적이기 때문에 또한 덜 인간적이라는 것이다. 특별히 노예들은 주인과 비교할 때 합리성 면에서 결함이 있다는 것이다. 이런 시각을 탐구한 사람들은, 특히 철학자 아리스토텔레스는, 어떤 노예들은 영리하고 어떤 주인들은 멍청하다는 것을 확실히 알고 있었지만, 단지 노예제 자체의 합리적 근거라고 그들이 여긴 것만을 설명했다. 그 밖에, 여자는 남자보다 덜 이성적이라고 간주되었다. 물론 아리스토텔레스는 야만인들이 여자를 노예와 구별될 수 없다고 생각한 점에서 완전히 틀렸다고 여겼다. 그러므로 시민권은 자유로운 성인 남성에게 국한되었고, 몇몇 도시에서는 심지어 그들에게조차 모두 주어지지 않았다. 정치 활동과 전쟁을 하는 활동은 서로 뒤섞여 있었고, 그래서 여자들이 가정적 삶을 살아야 하는 것은 자연스러워 보였다. 전투대형 안에서 자리를 지키기 어려웠기 때문이다. 이런 시각을 취했다는 점에서 그리스인들이 그들 시대의 선입견에 사로잡힌 것처럼 보일 수도 있겠다. 그러나 세계에 대한 탐구에서 엄청나게 창의적이었던 그리스인들은 여자들이 여러 가지 일을 하는 것을 상상하는 데에 어려움을 겪지 않았다. 여자들이 전설의 아마존 사람들 모습으로 전사가 되거나, 아리스토파네스의 『뤼시스트라타』에 나오듯이 평화를 강제하기 위해 성적인 파업에 돌입하거나, 플라톤의 『국가』에 등장하는 수호자 계급 속의 철인 통치자 역할을 차지하는 것을 그리스인들은 어렵지 않게 상상했다. 그러나 이런 모습들은 일상생활의 현실이 아니었다.

그리스 도시의 법과 정책은 어느 전제군주의 궁궐에서 등장하지 않고, 일반적으로 정치의 무대로서도 기능한 '아고라(agora)', 즉 장터에서 벌어진 이론상 평등한 시민들 사이의 토론을 통해 등장했다. 시민들은 법 앞에서의 평등(isonomia)을 누렸고(이소노미아는 때때로 민주정과 동의어로 사용되었다), 의회에서 발언할 평등한 기회를 누렸다. 아테네와 같은 큰 도시에서는 수천 명의 사람이 그런 회의에 모일 수 있었으므로, 발언자들이 대체로 말하는 기술을 연구해온 귀족들이거나 한 무리의 지지자를 얻는 데에 성공한 저명한 지도자들이었다. 민주정에서 많은 공직들이 추첨에 의해 채워졌지만, 주요 공직자들은 선출되었고 그들은 보통 유력한 가문 출신이었다. 우리는 투퀴디데스의 『펠레폰네소스 전쟁사』에서 민주적 절차가 어떻게 작동했는지를 볼 수 있다. 예를 들면, 아테네의 헤게모니에 맞서 반란을 일으킨 미틸레네의 인민을 어떻게 처벌할 것인가와 같은, 제3권에서 보고되는 아테네인들의 논쟁에서 그것을 볼 수 있다. 이 논쟁에서 평민 지도자 클레온은 그 사건을 이미 내린 결심, 곧 남자들을 죽이고 여자들과 아이들을 노예로 팔기로 한 결심을 굳히는 계기로 삼았다. 클레온은 현실주의에 호소해 이렇게 주장했다. "제국을 가지고 싶다면, 여러분은 제국을 유지하는 일에 필요한 무자비한 짓을 할 준비가 되어 있어야 합니다." 그의 반대자 디오도토스는 무자비함이 그저 아테네의 예속민들 사이에 있는 모든 반란의 기회를 생사를 건 투쟁으로 바꿔놓을 것이라는 이유에서 자비를 베풀 것을 주장했다. 이 활발한 지적 경연에서 승리한 사람은 디오도토스였다.

논쟁에 참여한 시민들은 그들의 사적인 삶에서는 이 고

대 세계의 기본 생산 단위인 가정(oikia)에 속했다. 오이코스(oikos)는(여기에서 우리가 사용하는 '이코노믹스economics'라는 단어가 나오는데) 아리스토텔레스가 묘사한, 질서에 따른 예속의 체계였다. 남성에 대한 여성의 예속, 부모에 대한 자식의 예속, 주인에 대한 노예의 예속. 가정은 그리스인들이 가족생활을 누리고 그들의 물질적 필요, 즉 음식, 온기, 보호, 생식 등을 대부분 채우는 영역이었다. 이곳은 모든 것에 제철이 있는 자연의 세계였다. 많은 문명들에서 작위와 자연의 구별은 발전되어 있지 않지만, 그리스인의 세계 이해 속에서는 그것이 기본이었다. 지혜가 자연의 명령을 따르는 것에 있다는 생각은 '자연' 개념이 발전한 방식에 따라 서로 다른 철학으로 이어졌다. 그리스의 정치 철학은 폴리스가 어떤 의미에서는 자연적이고 다른 의미에서는 작위적인 것임을 인식하며 그 양자의 긴장을 고찰하는 것에서 시작했다.

성인이 되었을 때 젊은 그리스인 남성은 가정에서 벗어나 아고라에 들어갈 수 있었다. 그곳에서 그는 기억할 가치가 있는 말들을 내뱉고 자신에게 일종의 불멸성을 줄지도 모를 행위를 함으로써 자연적 필연성을 넘어 책임을 질 자유를 발견했다. 고대 그리스인들은 자신들의 문화를 독특한 문화라고 여길 정도로 충분히 자기의식적이었고, 그들 자신과 그들의 세계에 대한 역사적 이해를 만들어냄으로써 인간의 경험에 완전히 새로운 가능성을 열어주었다. 그러므로 정치와 역사는 함께 태어났다. 정치와 역사는 인간이 무엇이고 기억할 가치가 있는 것이 무엇인지에 대해 같은 관념을 공유하기 때문이다.

역사는 말과 행동의 기억이었고, 말은 기억을 전달하는 수단이었다. 정치적 활동을 할 때 사람들은 배워야 할 한 가지 기술인 연설을 통해 서로 말했다. 연설은 생각의 정리, 논증의 구성, 청중을 이해하는 능력, 인간 본성의 지배적 정념에 대한 인정 등을 요구한다. 역사상 처음으로 공적인 결정이 한낮의 밝은 빛 속에서 이루어졌고 공개적인 비판을 받지 않으면 안 되었다. '소피스트'라고 불리는 교사들은 야심찬 젊은 귀족들의 이익을 위해 수사(修辭)의 기법을 집대성했다. 이 귀족들의 권력은 다수의 청중을 사로잡는 데에 달려 있었다. 연설은 후세까지 기억될 만한 공연이었다. 투퀴디데스는 펠레폰네소스 전쟁의 이야기를 주로 참가자들의 연설에서 제시된 주장들을 통해 말한다. 이 연설들을 종합하면, 그것은 정치적 지혜와 정치적 어리석음에 관한 포괄적인 교범이 된다.

정치적 사유와 활동에 대한 이런 식의 접근은 오늘날까지도 영향력 있는 한 가지 결정적인 잘못된 믿음의 산물이었다. 그것은 세상의 모든 것이 세심한 디자인의 산물이라는 생각이다. 그리스인들은 자신들의 도시가, 스파르타의 경우 뤼쿠

르고스 같은, 아테네의 경우 테세우스 같은, 반쯤 신성한 인물에 의해 세워졌다고 믿었다. 도시가 파손되면 때때로 현자들은 그 디자인을 복원하도록 요청받았다. 정치에서 디자인을 복원한 가장 유명한 사례는 기원전 6세기 초반 아테네에서 이루어진 솔론의 개혁이었다. 솔론의 개혁이 가진 두 가지 특징은 그리스 정치의 본질적 특징을 보여준다.

첫번째 특징은 그가 조심스럽게 정치의 근거를 영토적 단위에 두었다는 것이다. 그것은 씨족이나 부족의 충성심을 뒤섞는 것이었다. 주어진 영역 안에 사는 이질적인 사람들을 모두 합치는 근대적 선거구 역시 자연적 충성심을 파괴하고 사람들로 하여금 공동체 전체에 걸쳐 넓게 공유되는 광의의 이익에 따라 정치적으로 행동하도록 북돋는 동일한 효과를 가진다.

두번째 특징은 솔론이 자신의 개혁을 확고히 한 후에 주의 깊게도 새로운 정체가 다른 사람들에 의해 운영될 수 있도록 아테네를 10년간 떠나 있었다는 것이다. 권력 분립 원칙의 초기 형태인 셈이다. 엄밀한 의미에서 정치의 핵심은 의무가 추상적인 공직들의 연결체에 부여되고 원칙적으로 그 어떤 사람이 공직을 보유하더라도 그가 유능하기만 하면 일이 이루어질 수 있는 것이다. 전제정이 개별 전제군주의 인격(과 종종 변덕)에 의존한다면, 정치적 통치자는 그들이 보유한 공직에 부여된 의무에 따라 행동한다.

폴리스를 다스리는 공직들의 조합과 그 공직들의 관계를 명시하는 법이 **헌법**이다. 헌법이 없는 정부는 정치를 전제와 구별해주는 특유의 도덕적 한계를 결여할 것이다. 헌법은 두 가지 본질적 방식으로 기능한다. 헌법은 공직 보유자가 가진 권력의 한계를 정하고, 그렇게 함으로써 결과적으로 시민들이 자신의 삶을 영위할 수 있는 (물론 정밀하고 고정된 세계는 아니지만) 예상 가능한 세계를 창조한다. 정치에 형태를 부여하는 것이 헌법이고, 헌법에 대한 연구가 정치학의 등장으로 이어졌다.

(전제에 반대되는 의미의) 정치에 관한 학문은, 물론 정치가 궁극적으로 정치를 발생시키는 인간의 본성에 의해 좌우되지만, 정치 자체가 규칙적 패턴을 따르기 때문에 가능하다. 전제정에 관해 확신을 가지고 말할 수 있는 것은 유능한 통치자가 있더라도 언젠가는 미치거나 나약한 후계자가 그의 뒤를 잇게 될 것이라는 사실이다. 그러므로 전제정은 계절과 같은 흥망의 고정된 리듬에 종속된다. 이 사실이 노예들의 연합체인 전제정이 자유롭지 않고 자연의 비합리적 영역에 속한다는 그리스인들의 믿음을 확인해주었다. 그러나 헌정(憲政)은 합리성의 영역에 속하므로, 궁극적으로 틀릴 수는 있지만, 전제정보다 더 과학적인 방법으로 연구될 수 있다.

일단, 헌정은 지배적 경향을 보여주는 일정한 특징들에 따라 분류될 수 있다. 모든 헌정에서 통치자는 한 사람의 군주이거나, 강력한 지도자들로 이루어진 소규모 집단이거나, 인민회의이다. 통치는 한 사람이나 소수, 아니면 다수에 의해 이루어져야 한다. 그 외의 다른 가능성은 없다. 고대 그리스의 정치에서 주된 구분은 부유하고 힘 있는 자들에게 호의적이라고 생각된 과두정과 가난한 자들의 이익에 반응한, 그리고 보통 폭력적이고 불안정하다고 생각된 민주정 사이에서 이루어졌다.

그리스의 정치학은 헌정을 연구했고, 인간의 본성과 정치적 연합의 관계를 일반화했다. 아마도 그리스 정치학의 가장 강력한 도구는 순환 주기에 관한 이론이었을 것이다. 군주정(monarchy)은 참주정(tyranny)으로 타락하는 경향이 있고, 참주정은 귀족정(aristocracy)에 의해 내쳐지며, 귀족정은 주민들을 착취하는 과두정(oligarchy)으로 타락하고, 과두정은 민주정(democracy)에 의해 내쳐지며, 민주정은 다시 폭민(mob)이 다스리는 참을 수 없는 불안정한 상태로 타락하고, 그 결과 어떤 강력한 지도자가 군주로서 자리를 잡으며 순환 주기는 다시 시작된다. 이것이 폴리비오스라는 후대의 그리스인이 영향력 있게 해설한 정치학 이론이다. 그의 주요 관심은 로마 정치의 성격을 자신의 동료 그리스인들에게 설명하는 것이었다.

정치적 주기에 대한 다른 이론은 플라톤과 아리스토텔레스에게서 찾아볼 수 있다.

베이컨이 말했듯이 지식은 힘이며, 정치에 내재한 이 주기적 리듬에 대한 지식은 다음과 같은 생각을 낳았다. 즉 제도들이 순환을 멈출 수 있게끔 배치될 수 있고, 그러면 국가가 불멸성은 성취하지 못해도 최소한 어느 정도 장기적인 안정성을 획득할 수 있다는 생각이다. 쇠퇴의 순환을 멈추는 비밀은 다음 두 명제에 놓여 있었다. 첫번째 명제는 정부가 상이한 공직들과 회의들 사이에 분배될 수 있는 많은 기능들로 이루어져 있다는 것이다. 법의 수용성과 정부의 반응성은 인민의 의견을 듣는 효율적 방법에 의존하는 반면, 실행의 결정은 한 명의 지도자를 요구하고, 정책에 대한 심의는 경험 있는 시민들로 이루어진 작은 집단을 요구한다. 이것은 권력이 한 사람, 소수, 다수 사이에 배분되어 있는 정체를 구성해야 한다는 주장이다. 두번째 명제는 바로 그 배분이 또한 부자와 빈자 가운데 어느 한쪽이 경제적 착취를 위해 정치권력을 이용하는 것을 막고자 하는 그들의 이해관계의 균형을 잡아줄 수 있다는 것이다. 정치에서의 그런 균형은 몸에서 건강이 의미하는 것과 같았다. 그 균형이 부패를 아주 오랫동안 막아줄 수 있었다. 이런 것이 서구의 정치에서 핵심적 역할을 해온 균형 잡힌 정체에 관한 이론이다. 이것은 실천적 정치인들이 종종 스스로 발전시키는 것을 하나의 이론으로 제시한다. 예컨대, 잉글랜드의 정체는 군주, 하원, 상원 사이의 균형으로 점차 진화했고, 종종 이 이론의 사례로서 인용된다. 법률가들과 정치인들이 실제로 그 이론을 알았고, 때로는 그 이론이 이들을 이끌었지만, 영국 정치의 실제 제도들은 기본적으로 영국에서의 삶의 특수한 조건들에 부합한 것이었다.

아리스토텔레스는 민주정의 몇몇 요소가 그가 '폴리테이아'라고 부른 최선의 균형 있는 정체에 필수적이라고 보았다. 그는 많은 정체들을 연구했고, 정치적 변동의 메커니즘에 특히 관심을 가졌다. 그는 혁명이 언제나 평등에 대한 요구에서 비롯한다고 생각했다. 정치학과 윤리학에 모두 관심을 가진 그는 다음과 같은 특히 매혹적인 질문 하나를 던졌다. 좋은 시민은 좋은 인간일 수 있을까? 어떤 국가에서는 통치자가 자기의 신민에게 〔도덕적으로—옮긴이〕 그른 행동을 〔정치적으로—옮긴이〕 요구할 수 있기 때문이다. 그리스 정치는 (그리스 세계의 다른 모든 것과 마찬가지로) 마치 우리가 그리스인의 경험에 의해 우리에게 드러난 가능성들의 제한된 집합 안에서 움직인다고 종종 생각될 정도로 강력하게 이론화했다. 정치적 판단은, 다르게 표현하면, 유한한 가능성들 사이의 선택이다. 이런 시각은 인간의 본성이 고정되어 있음을 가정한다. 그러나 이 시각은, 특히 근대에, 인간이 언제나 그가 속한 사회의 산물이라는 시각에 의해 도전받았다. 우리가 논의하는 가능성 가운데 이러저러한 형태로 그리스인들이 인식하지 않은 것은 거의 없다. 그리스인들은 또한 이상적인 것에 관한 상상을 남겼는데, 그것이야말로 정말 그들의 장기였다. 그들은 철학에서 플라톤의 『국가』를 남겼고, 정치학에서는 투퀴디데스의 『펠로폰네소스 전쟁사』에서 페리클레스의 입을 통해 표현된 아테네에 관한 설명을 남겼다.

제 3 장

로마인:
애국심의
진정한 의미

그리스의 정치가 이성에 근거했다면, 로마인들의 정치는 사랑, 곧 조국에 대한 사랑, 로마 그 자체에 대한 사랑에 근거했다. 로마인들은 자신들의 도시를 하나의 가족으로 여겼고, 도시의 설립자 로물루스를 자기들 모두의 조상으로 여겼다. 이 점에서 로마인들은 그리스인들과 완전히 달랐다. 그리스인들에게 가족은 철학적 수준에서 단지 우리의 동물적 본성 속에 있는 필연성을 가리킬 뿐이었고, 정치의 자유로움은 그 필연성을 넘어서는 것이었다. 애국심을 로마인들을 이끄는 정념으로 만든 것은 위대한 기독교인 성(聖) 아우구스티누스였다. 부분적으로 그것은 그가 애국심에서 기독교인들을 생기 있게 한 사랑의 예시를 보았기 때문이었다. "조국을 위해 죽는 것은 달콤하고 아름답다(Dulce et decorum est pro patria mori)"라고 로마의 시인 호라티우스는 썼다. 이 시구는 정치적 감정 가운데 가장 고귀한 것을 오랫동안 재현했다. 그러나 시대는 변하고, 제1차세계대전에서 엄청난 사상자가 발생한 후, 바로 이 시구는 정치인들의 공격적인 계획에 사로잡힌 개인들의 무력함을 역설적으로 표현하기 위해 종종 사용되었다. 어떻게 이런 변화가 생겨났는지가 우리 이야기의 중요한 부분이다.

그리스의 도시들은 서구 역사에서 눈부신 사건이었지만, 로마는 단일한 도시의 견고함을 가지고서 그 도시가 제국이 될 때까지 성장했으며, 그 자신의 쇠퇴를 통해 거의 지구 전체를 포괄하려고 노력한 교회를 창조해냈다. 그리스인들이 영리하고 혁신적인 이론가들이었다면, 로마인들은 수수하고 조심성 많은 농부전사들이었으며, 관념에 도취되어 있던 그들의 선행자와 같지 않았다. 우리는 우리의 관념들을 그리스인들로부터 물려받았고, 우리의 제도들을 로마인들로부터 물려받았으며, 각각은 근대 유럽의 여러 국민들에게 상이한 인상을 남겼다. 예컨대, 고대 그리스인들에 대해 독일인은 영국인이나 프랑스인보다 훨씬 더 심취했다. 영국인과 프랑스인에게는 로마가 위대한 모범이었다. 그러나 모든 유럽인이 정치적 삶을 탐구하는 일에 사용할 두 개의 완전히 다른 어휘, 곧 정책(policy), 경찰(police), 정치(politics) 자체와 같은 그리스인들의 정치적(political) 어휘와 시민성(civility), 시민(citizen), 문명(civilization)과 같은 로마인들의 시민적(civic) 어휘를 상속함으로써 이익을 누려왔다. 예를 들면, 미국 정치의 건축과 용어는 모두 두드러지게 로마적이다.

로마의 어휘는 사실 그리스의 어휘보다 훨씬 더 근본적이다. 왜냐하면, 로마가 서구 세계를 지배할 때뿐만 아니라, 16세기에 근대 국가가 등장할 때까지 이후 1000년 동안에도 유럽에서는 정치가 라틴어로 이해되었기 때문이다. 우리가 로마 제국의 멸망을 이야기하지만, (서구 제국에서) 로마가 가진 정치적 권력의 붕괴는 교황이 지배하는 영적 제국의 부상(浮上)과 함께 이루어졌다. 실제로, 우리가 '중세'라고 부르는 시대(기원후 약 400년부터 1500년까지)의 사람들은 자신들이 여전히 로마의 폐허 한가운데에서 살고 있다는 확신을 오랫동안 지녔다. 때때로 그들은 로마를 부활시키려는 시도를 하기도 했다. 프랑크인의 왕 샤를마뉴는 기원후 800년에 로마에서 황제로 즉위했고, 신성로마제국은 나폴레옹에 의해 1806년에 폐지될 때까지 음울한 형태로 지속되었다. 나폴레옹은 자신의 왕조를 제 자리에 세우면서도 그와 동시에 프랑스를 로마 양식의 기념물로 어지럽게 채웠다. 근대 초기에 마키아벨리는 그의 『로마사 논고』(1518)에서 로마의 정치를 유럽을 위한 모델로서 제시했다. 프랑스혁명이 로마식 의상을 입고 벌인 가식적인 놀이라는 마르크스의 시각에도 일리가 있다.

유럽인들을 그렇게 매혹한 로마는 탐구할 다양한 모델들을 제공했다. 중세 후기의 이탈리아 시인 단테가 세계에 평화를 가져다준 제국을 칭찬했다면, 마키아벨리는 칭찬의 대상으로 초기 공화국의 덕을 제시했다. 두 사람 모두 로마의 이야기에 반응한 것이었는데, 그것은 자신들이 세계를 **문명화**할 사명을 띠고 있다고 생각한 인민의 끝없이 매혹적인 모험이었다. 전설에 따르면 기원전 753년에 로물루스가 건설한 로마는 기원전 509년까지 왕들이 지배했다. 오만왕 타르퀴니우스가 (그 이야기에 따르면) 루크레티아를 강간해서 이에 격분한 귀족 분파의 수장 브루투스에 의해 쫓겨난 것이었다. 그래서 로마인들은 왕의 지배를 예속과 동일시했지만, 헌법을 고칠 때 특유의 정치적 창의성을 과시했다. 로마인들은 그들의 헌법을 근본적으로 수정하면서도 발판을 대부분 남겨두었다. 군주정은 왕의 직위가 가진 '명령권(imperium)'을 함께 보유하는 두 명의 집정관(執政官)에 의해 대체되었지만, '렉스 사크로룸(rex sacrorum)'이라고 불리는 종무관(宗務官)의 형태로 계속 그 흔적을 보존했다. '아우스피키아(auspicia, 통치의 상징과 도구)'를 보유한 원로원은 로마의 정치적 전통의 연속성을 보장했다. 로마인의 다른 주요 계급인 평민의 참여를 위해 몇몇 자리가 언제나 마련되어왔지만, 이제 두 계급 위에 있는 왕이 아니라 귀족이 다스리는 국가에서 그런 자리는 불충분했다. 귀족에 의해 억압받는다고 생각한 평민은 한몸이 되어 로마 밖으로 걸어나갔고 가까운 언덕 위에 올라섰다. 로마인들은 이 문제를 전형적인 방식으로, 즉 '조약(foedus)'을 통해 해결했다. 이로써 평민들은 호민관(護民官)이라고 불리는 그들 자신의 공직 보유자를 가지게 되었다. 로마 정치의 모범적인 이야기는 부분적으로는 위기에 대한 이와 같은 헌법적 대응으로, 또 부분적으로는 전쟁에서 쌓은 영웅적 업적들로 이루어진다. 로마인들은 처음에는 그들의 이웃들과, 다음에는 이탈리아 남부의 그리스 도시들과, 그리고 무엇보다도 카르타고인과 싸워 승리함으로써 그런 영웅적 업적들을 이룰 수 있었다. 카르타고인에게 맞선 싸움에서 로마인들은 승리에 앞서 세 번의 분리된 전쟁을 치렀다. 오래전에 로마인들은 그리스 자체를 정복했고, 잉글랜드와 게르마니아 일부를 포함한 서유럽은 물론이고, 지중해 해안선 전체를 다스리고 있었다.

로마 역사는 극적인 사건들을 중심으로 전개된다. 그 사건들을 거치며 공화국은 제국에 길을 양보했다. 율리우스 카이사르는 마르쿠스 브루투스와 카시우스, 그리고 이들의 추종자들에 의해 기원전 44년에 암살되었지만, 그 암살자들은 카이사르의 조카 옥타비아누스와 그의 동료 마르쿠스 안토니우스에 의해 진압되었다. 이 두 사람이 결별했을 때, 옥타비아누스는 안토니우스를 기원전 31년 악티움 전투에서 무찔렀고 새로운 환경에 맞게 헌법을 고치기로 결심하고 로마로 돌아왔다. 옥타비아누스가 행한 이 일은 매우 성공적이어서 그가 제국처럼 다스린 로마는 이후 200년 동안 공화국의 형태를 유지했다.

정치를 권력의 행사를 분명하게 제한하는 공직보유자들의 활동으로 볼 때, 로마는 정치의 최고 본보기이다. 로마인들은 권력을 생각할 때 중요한 구분을 표시하기 위해 두 개의 단어를 사용했다. '포텐티아(potentia)'는 물리적 힘을 의미했고, '포테스타스(potestas)'는 어떤 직책에 내재한 법적 권한과 힘을 가리켰다. 모든 공직은 '임페리움(imperium)', 즉 로마인의 국가가 사용할 수 있는 힘의 총량을 공유했다.

힘의 이 두 가지 형태는 또다른 관념, '권위(auctoritas)'와 구분되었다. 정치에 대한 로마인의 가장 두드러진 기여를 이 관념이 만들어냈다. 의미심장하게도, 이 용어는 정치가 로마인의 종교와 결합되어 있음을 나타냈다. 이 종교는 씨족과 그러므로 조상에 대한 숭배와 관련되었다. '아욱토르(auctor)', 즉 작가(author)는 어떤 것, 예컨대 도시, 가족, 심지어 책이나 생각의 설립자 또는 창시자였다. '아욱토리타스(auctoritas, 권위)'는 조상들과 가장 가까운 집단인 원로원이 보유하고 있었다. 권위는 조언 이상의 것이지만 명령 이하의 것으로서 묘사되어왔다. 권위에 대한 로마인의 존중은 그들이 가진 정치적 기술의 진정한 원천이었다. 그것은 어떤 의미에서도 정치 권력의 일종이 아니었다. 그러나 '레스 푸블리카(res publica)', 즉 공적인 일의 수행을 책임지는 사람들은 그것을 가볍게 무시하지 못했다.

로마의 힘이 팽창했을 때 로마는 다른 인민들에게 매혹적인 것이 되었다. 기원전 2세기에 로마가 그리스 세계를 정복했을 때, 그리스 역사가 폴리비오스는 자신의 동료 그리스인들에게 이 새로운 헤게몬(hegemon), 즉 세계의 주인이 무엇과 같은지를 설명했다. 정부의 순환적 쇠퇴에 관한 그리스의 과학에 익숙한 폴리비오스는 로마의 성공을 다음과 같은 사실로써 설명했다. 누구도 로마의 정체(政體)를 군주정이나 귀족정, 또는 민주정이라고 확실하게 묘사할 수 없을 것이다. 왜냐하면, 로마는 그 세 정체의 요소를 모두 포함하기 때문이다. 그는 이렇게 썼다. 힘들을 이렇게 결합한 결과는 "어떤 비상사태도 견딜 수 있을 정도로 충분히 강한 연합이어서 이보다 더 좋은 형태의 정체를 발견하는 것은 불가능하다". 그가 무엇보다도 높게 평가한 것은 한결같음이었다. 원로원은 로마 역사에서 가장 큰 재난에 한결같이 대응했다. 그 재난은 기원전 218년 칸나이에서 카르타고인 한니발에게 패배한 일이었다. 한니발은 붙잡힌 로마인의 대표들을 로마에 보냈다. 대표들은 동료 포로의 몸값을 협상한 후 그들을 붙잡은 자들에게 돌아오겠다고 서약했다. 상황이 심각했지만 로마인들은 붙잡힌 병사들의 몸값을 치르기를 거부했다. 그러나 명예를 지킬 수 있도록 그 대표들을 한니발에게 돌려보냈다.

로마의 명성은 도덕적 힘에 크게 의존했다. 그것은 로마와 관계된 모든 사람에게 분명했다. 공직자의 뇌물수수는 사형에 처해지는 범죄였다. 사람들은 로마인들이 약속을 지킬 것임을 신뢰할 수 있었다. 폴리비오스는 냉소적인 동료 그리스인들에게 로마인의 이런 특징을 정당화할 필요를 느꼈다. 그는 로마인들이 사후의 처벌에 관한 미신적인 믿음을 수용했다는 것에 동의했다. 그러나 그의 생각에 그것은 오직 종교가 인민을 덕스럽게 만드는 최선의 방법이었기 때문이다. 거의 같은 시기에 로마인에게 맞섰던 유대인들도 로마인의 확고한 단결에 비슷하게 감탄했다. 기록에 따르면 로마의 장군 가운데 어느 누구도 "왕관을 쓰거나 자줏빛 옷을 걸쳐 위대함을 개인적으로 주장하지 않았다". 초창기에는 조국에 대한 사랑이 우세했지만, 조만간 성공과 부(富)가 로마인들을 부패시키기 시작했다. 그리고 로마인들은 전에는 유쾌하지 않게 여겼던 전제적 형태의 질서의 지배 아래 떨어졌다. 덕과 자유는 함께 쇠락했다. 덕이 자유의 조건임을 나중에 유럽인에게 설득한 것은 로마의 문헌, 특히 키케로의 작품이었다.

폴리비오스는 예리한 사람이었지만 로마의 정치가 가진 독특한 성격 대부분이 지극히 비그리스적인 요소, 곧 '아욱토리타스'에 의존했다는 것을 알아보지 못했다. 아욱토리타스는 도덕적 유동체였다. '파트리아(patria, 조국)'에 좋은 것이 (자기 목숨을 구하는 것과 같은) 그저 사적인 관심보다 앞서야 한다는 로마인의 확신은 이 도덕적 유동체 안에서 움직였다. 이 도덕은 로마의 영웅들에 관한 많은 유명한 이야기들을 통해 전해졌다. 로마 자체를 무엇보다도 우선시하는 이런 관심 안에서 그러나 로마인들은 엄청나게 경쟁적이었고 실제로 종종 싸우기를 좋아했다. 훗날의 작가들은 로마의 초기 역사 전체에 걸쳐 나타나는 귀족과 평민 사이의 반감을 약점이라고 생각했지만, 이 판단에 동의하지 않은 마키아벨리는 서구의 정치적 전통 전체의 핵심 요소 가운데 하나를 지적했다. 마키아벨리는 국가 안에서 벌어지는 갈등이 공공의 이익에 복속되는 한, 그것은 그저 자유와 시민의 권리 보호에 대한 로마인의 관심을 반영할 뿐이라고 주장했다. 그리스인들의 정책처럼 로마의 정책도 최고의 지혜라고 가정되는 어떤 것에서 나오지 않고, 사회 안의 이익들과 주장들 간의 자유로운 경쟁에서 나왔다. 서구의 정치가 다른 형태의 사회 질서와 구분되는 점은 그것이 다음과 같은 주제를 탐구했다는 사실에 있다. 곧 모든 사람이 자신의 자리를 아는 것에서 비롯하는 조화 너머에 또다른 조화가 있으며, 그 조화 안에서 갈등이 자유로운 토론과, 헌법적 절차를 통해 도출되는 모든 결과의 자발적 수용에 의해 해결된다는 것이다.

제 4 장

기독교와 개인의 등장

지금까지 우리는 고대 그리스인과 로마인 사이에서 정치의 스냅사진을 찍어왔다. 이제 새로운 환경에서 다시 등장하는 정치의 과정을 보여줄 차례이다. 중세 동안, 서유럽에서 시민적 질서가 잔혹함과 폭력 속에서 등장했고, 처음으로 종교가 독립적인 역할을 수행했다. 이것을 실제로 엄청난 성취인 것처럼 제시하는 일은 현재의 선입견과 충돌한다. 현재의 선입견은 '봉건적'과 '중세적'을 보통 매도하는 용어로 간주한다. 그러나 '봉건적'은 폭력 속에서 등장한 특수한 형태의 질서를 가리킬 뿐이고, '중세적'은 근대 초기의 배운 사람들이 자신들을 고전 시기로부터 분리한 1000년의 시간을 가리키기 위해 사용한 용어이다. 로마 제국의 몰락과 근대 세계의 등장 사이의 1000년이 우리의 정치적 직물을 짜는 일에서 가장 중요한 가닥이라는 시각에는 충분한 이유가 있다.

우리가 알다시피 유럽은 자신들 뒤에 있는 다른 부족들의 압력 탓에 서쪽으로 밀려난 부족들의 계속된 이민 물결의 산물이다. 이 부족들은 로마 제국이 보여준 분명한 번영과 문명에 매료되었다. 거대한 무리를 이루어 이동하는 유목민들은 여러 세기에 걸쳐 제국으로 밀고 들어왔다. 훈족, 고트족, 서(西)고트족, 앵글족, 프랑크족 등등, 로마인들이 그들에게 부여한 이름으로 우리가 알고 있는 이 유목민들은 처음에는 로마의 구조에 흡수되었지만, 나중에는 로마의 구조를 무너뜨리고 파괴했다. 이 야만인들은 외곽에 그들 자신의 왕국을 세웠고 머지않아 기독교로 개종했다. 각각의 영토에는 왕이 있었고, 일반적으로 충성을 대가로 땅을 부여받은 일군의 귀족들이 있었다. 일시적으로 부여받은 토지는 곧 세습되었지만, 과거 로마 시대의 안정성을 되찾기까지는 수 세기가 걸렸다. 그것은 내부 다툼 때문이기도 했지만, 토지와 안전을 찾아 밀려오는 새로운 유랑민의 압력 때문이기도 했다. 예컨대, 앵글로색슨족은 잉글랜드를 정복했지만, 데인족의 공격을 받았고 나중에는 노르만족의 공격을 받았다. 이 노르만족은 9세기에 프랑크 왕국의 한 지방을 개척한 바이킹 침략군 집단에서 비롯했다. 이들은 시칠리아에 또다른 제국을 만들기 위해 떠났다.

이런 거친 시대에 유일한 안전은 전문적 전사 계급의 보호에서 왔다. 그리고 보호에는 대가가 따랐다.

그러므로 시민적 질서는 재발명되어야 했다. 여기에서 우리는 중세 성기(盛期)의 문명을 건설한 여러 요소들 가운데 세 가지를 고찰할 것이다. 첫번째 요소는 야만인들 자신이 물려받은 자유에 대한 생생한 사랑이었다. 이 시대는 정말 폭력적이었지만, 야만적 부족들은 그들의 핵심 정체성의 근거인 부족법의 계승자로서 그들 자신에 관한 강력한 도덕적 감각과 법적 감각을 지니고 있었다. 이들은 자신들이 서약을 통해 의무를 가지게 된 사람들에게 예속된 것에서 자부심을 느끼는 사람들이었다. 왕은 법의 수호자였다. 폭력과 무질서는 다음과 같은 사실에서 비롯했다. 자기의 공동체를 어떻게 다루어야 하는지에 관한 강한 도덕적 감각과 법적 감각이 타자의 중요성에 관한 어떤 감각과도 병행되지 않았던 것이다. 타자의 중요성이라는 이 특수한 교훈이 확산되기 위해서는 기독교라는 종교와 정중한 사랑의 도덕이 필요했다. 유럽인들은 자신들의 고유한 정체성을 법에 대한 복종에서 찾았다. 그들은 그 법을 조상에게서 물려받았다고 믿었다. 법은 말하자면 인간의 의지가 닿지 않은 것이었다. 몇 세기가 더 흘러서야 사람이 '입법'할 수 있다는 생각이 받아들여지기 시작했는데, 그것은 로마법이 다시 알려진 결과였다.

이 시대의 정치는 왕과 그에게 중요한 봉신(封臣)들 간의 관계였다. 정치는 작고 소박한 이동하는 궁정(court)을 둘러싸고 이루어졌다. 그러나 점차 이 왕들은 부족의 지도자에서 영토의 주군으로 진화했고, 그들이 관리하던 법은 부족의 법이 아니라 국가의 법이 되었다. 잉글랜드에서 왕들은 점차 '왕의 평화'가 미치는 범위를 넓혔고, 그들에게 속한 봉신들이 신민의 재산을 강탈했을 경우 그 땅의 가장 낮은 자들이 그에 대해 호소할 법정(court)으로 그들을 이용할 수 있도록 했다. 그리고 (구체적인 모습은 유럽 전역에서 다양했지만) 각 지방에서 진행된 이 모든 과정에서 두드러진 한 가지 사실은 시민적 질서가 귀족 집단과의 협약에 따라 수립되어야 했다는 것이다. 귀족들이 소작민에 대해 지녔던 통제력이 그들에게 소작민에 대한 독립적 지위를 부여했다. 이것이 정치의 재등장에서 결정적이었던 두번째 요소이다. 유럽의 봉건제가 가진 이런 독특한 특징이 유럽이 물이 잘 공급되는 대륙이고 유럽의 농경이 중국, 인도, 중동의 경우와 다르게 관개(灌漑)와 홍수 통제를 위한 대규모 댐과 수로의 건설에 의존하지 않은 사실에서 비롯했다는 주장이 설득력 있게 제시되어왔다. 대규모 댐과 수로를 건설하는 사업은 노동력의 동원을 위한 거대한 중앙권력을 요구하며, 그러므로 그런 사업은 특징적으로 전제적 형태의 질서에서 일어난다는 것이다. 그 반면에 농업이 요구하는 것을 기후가 더 잘 공급해주는 곳에서는 지방에서의 삶이 상대적으로 중앙 권력으로부터 독립적이며, 그러므로 권력자가 자신의 신민과 협의해야 한다는 것이다. 〔지리와 기후 조건이 정치 질서의 형태를 결정한다는—옮긴이〕 이 이론은 사회적 인과관계에 관한 모든 거대 이론과 마찬가지로 주의해서 다룰 필요가 있다. 그러나 그것은 확실히 진실의 일부이다. 그것이 진실 전체일 수 없다는 것은 분명하다. 왜냐하면, 인간 사회의 그 무엇도 사람들이 자신들의 상황에 대해 가지는 생각으로부터 독립적이지 않고, 어떤 생각도 순전히 물리적 필연성에 의해 생겨나지는 않기 때문이다.

그러나 그 이론은 중세 1000년의 후반기에 유럽에서 등장한 정치적 구조를 설명하는 데에 분명히 도움을 준다. 11세기에 우리는 공작과 백작이 지배하는 공국(公國)들, 몇몇 독립적인 무역 도시들, 그리고 왕국의 초기 형태들이 이루는 모자이크를 발견한다. 우리가 혜안을 가지고 있다면 저 왕국의 초기 형태들에서 유럽의 국민국가들이 떠오르는 것을 볼 수 있다. 역사가들에게는 모든 일이 우발적이고, 유럽 국가들의 국민적 질서는 예상할 수 없는 사건들이 계속되면서 점차 굳어졌다. 샤를마뉴의 왕국을 세 부분으로 나눈 843년의 베르됭 조약은 프랑스와 독일, 그리고 북쪽의 네덜란드부터 남쪽의 사보이와 롬바르디까지 뻗는, 끝내 완전히 통일되지 않은 세번째 왕국을 우리에게 준 분기점으로 종종 여겨진다. 우발성의 또다른 사례로 프로방스 국가를 들 수 있을 것이다. 〔프랑스 남부의 알비 지방을 중심으로 활동한—옮긴이〕 알비주아파 이단에 맞선 십자군이 13세기 초에 프로방스 지역을 파괴하고 프랑스 군주정에 예속시키지 않았더라면, 그 국가가 프랑스 남부에서 등장했을지도 모른다. 왕들은 음모를 꾸몄고, 귀족들은 전쟁을 치렀으며, 유럽의 다양한 언어와 문화 사이에서 무엇이 국민(nation)과 일체가 되는지를 결정한 것은 정책과 우연의 상호혼합이었다. 그러나 어떤 유행들은 유럽 전역에 자연스럽게 퍼져나갔다. 예를 들면, 궁정 연애 문학의 유행은 엄청난 결과를 가져왔다. 그것은 프로방스와 그 주변 지역에서 처음으로 등장한 것으로 보이지만, 〔성모를 숭배하는—옮긴이〕 기독교 신학과 결합하여 다른 문화들에서 발견되는 것과는 완전히 다른 여성의 자리를 서구 문명에 만들어냈다.

모든 곳에서 우리는 이웃 영토와 자신의 봉신에 대한 지배를 확장하려는 왕들을 발견한다. 그리고 이런 관점에서 볼 때, 자유의 이야기는 이런 작은 사회들에서 지배적인 힘이 요구하는 것에 대해 힘의 균형을 맞춰준 제도와 법의 이야기이다. 정의의 원천으로서 잉글랜드의 왕은 각 주(州)에 셰리프(sheriff)라고 불리는 자신의 행정관을 두었고, 자신의 재판관들로 하여금 리트(writ, 칙서)라고 불리는 각종 요구와 청원에

응해 정의를 시행하며 나라를 돌아다니게 했다. 이에 대해 귀족들은 잘못을 범한 왕에게 그가 자신의 의무를 배반했음을 인정하고 보상하도록 강제할 권리를 가졌다. 가장 유명한 사례가 존 왕이 1215년에 템스강 유역에 있는 러니미드에서 대헌장(Magna Carta)을 승인하도록 강요받은 일이다. 대헌장은 잉글랜드인의 자유의 원천으로서 잉글랜드의 전설 속에 간직되었다. 사실 이것은 중세의 독특한 사건이 아니라, 중세 정치의 일반적 위기 가운데 하나였다. 그리고 그것이 유럽에서 이루어진 전개의 중요한 특징을 보여준다. 권리와 자유는 먼저 귀족계급과 부유한 도시 거주자들에 의해, 그리고 보통 그들의 이익을 위해 만들어졌다. 그러고 나서는 매우 느리게 여러 세대를 거치며 사회 하층에 스며들었다. 다른 말로 하면, 오늘날의 유권자는 옛날에 귀족이 처음 확인한 권리를 물려받는 것이다. 이 역사적 경험에 무슨 결점들이 있건 간에 그것은 민주주의를 향한 운동이 이 권리들을 모든 사람에게 확대하기까지 자유를 유지하기 위해 필요한 문화를 관습과 제도 속에서 철저하게 시험하는 결과를 가져왔다. 유럽의 국가들에서 민주주의는 그것을 밑바닥 수준에서 떠받쳐주는 유기적 발전 속에서 등장했다.

중세 정치의 핵심은 왕이 당시에 이해되었던 것처럼 매우 제한된 통치 기능만을 수행할 때조차 파트너들의 협력 없이는 통치할 수 없었다는 사실에 있었다. 왕은 귀족들, 교회의 권력자들, 그리고 머지않아 도시의 대표자들의 의견을 들어야 했다. 도시의 대표자들은 돈의 참여를 가능케 했다. 이런 상황이 의회(parliament)라는 매우 새로운 제도를 탄생시켰다. 의회는 유럽 각국에서 매우 상이하게 나타나는 복잡한 역사를 가지고 있다. 예를 들어, 프랑스는 본질적으로 사법 제도인 파를망(parlement, 고등법원)과 자문기관인 삼부회(états généraux)를 모두 가졌다. 왕에게는 세금 부과에 동의하고 때때로 국제 관계에서 왕의 정책에 힘을 실어줄 의회가 필요했다. 신민들은 의회가 자신들에게 법에 영향을 끼칠 기회와 권력 남용에 대한 구제책을 확보할 기회를 제공할 때 의회를 존중했다. 잉글랜드 의회의 역사는 아마도 가장 복잡한 역사일 것이다. 그것은 또한 가장 중요한 역사인데, 의회 제도가 근대 초기에 대부분의 유럽 국가에서 폐지되고 오직 잉글랜드에서만 매우 성공적으로 살아남았으며, 그것을 모델 삼아 19세기에 자유로운 민주정의 장치로서 부활했다는 점에서 그렇다. 그러나 의회를 정치적 창의성이 발휘된 거의 순수한 사례로 만들어 주는 것은 의회가 그 시기의 절박한 사정에 반응했다는 것이다. 계획에 없이 의회는 민주정의 본질적 도구가 되었지만, 의회가 대의(representation)라는 자기가 하는 작용의 매우 추상적인 측면에 대한 성찰을 불러일으킨 것은 매우 늦은 때였다.

중세 정치의 세번째 요소는 무엇보다도 가장 중요한 것이다. 그것은 종교와 관련된다. 종교는 살아 있다는 것의 의미에 관해 하나의 문명이 가지는 믿음과 느낌이다. 그리스인들과 로마인들은 국가 종교를 가지고 있었다. 국가 종교 안에서 교회의 구성원과 국가의 구성원을 구분하는 것은 아무 의미가 없었다. 교회와 국가라는 똑같은 한 쌍의 제도들이 서구에서 지금 우리가 매우 분명하게 구분하는 두 가지 기능을 모두 포괄했다. 고대에 인간적 삶의 의미는 합리성을 발현하는 것에 있었고 공화국에 봉사하는 것에 있었다. 4세기경 로마 제국에서 기독교가 지배적인 위치에 오르면서 우리는 매우 새로운 종교적 상황을 맞이하게 된다. 과거에 사람은 아테네인이나 로마인으로 태어났다. 종교는 그 꾸러미에 당연히 따르는 부분이었다. 그러나 기독교인이 되는 일은 일련의 믿음을 신중하게 가져야만 가능했다. 게다가 기독교는 책의 종교였다. 교육과 문자 해독을 장려하는 어떤 것이었다. 기독교는 부분적으로 이 때문에 너무 복잡한 믿음, 감정, 명령, 의례의 구조가 되었다. 그래서 기독교가 일관성 있는 통일체가 되기 위해서는 철학화를 포함하는 상당히 많은 지적 성찰이 필요했다. 믿음은 연약한 것이어서 그 순수성 또는 정통성을 관리할 사람들이 필요하다. 오해하는 인간의 능력이, 아니 어쩌면 모든 것을 너무도 잘 이해하는 인간의 능력이 상당하기 때문이다. 신약성서에서 발견되는 비교적 사소한 재료들을 가지고 기독교 신앙을 정교하게 만든 것은 몇 세기에 걸친 교회 공의회의 작업이었다. 이 작업은 중요한 의미에서 결코 중지되지 않았다. 기독교 신앙의 정교화 작업은 첫번째 세대에 작성된 바울 사도의 편지들을 이용해 이루어졌고, 기독교의 초기 몇 세기 동안 지속되었다. 기원후 430년에 성 아우구스티누스가 죽었을 때, 기본 구조가 (그리고 이단설을 판단할 엄청난 양의 복잡한 상부 구조가) 만들어졌다. 비정통 신앙의 가능성은 위험하게 분열적이며, 당연히 그것은 기독교의 역사에서 발견되는 많은 불관용의 원천이다. 종교재판은 그 불관용의 상징이 되었다. 그러나 비정통 신앙의 가능성은 또한 기독교 문명이 가진 지적 활력의 중요한 원천이다.

이 정교화 과정에서 기독교는 도덕적 도전의 종교로 나타났다. 인간은 우주의 창조자가 만든 작품이었다. 인간은 죄악에 빠져 창조자의 신뢰를 저버렸지만, 예수가 신성한 임무를 수행함으로써 구속되었다. 인간의 삶은 고난과 시험의 시간이었다. 고난과 시험의 시간 뒤에 몇몇 사람들은 불멸의 삶을 얻게 되겠지만, 아마도 대부분의 나머지 사람들은 다른 운명을 겪게 될 것이다. 그 운명이 어떤 것일지에 관한 많은 생각들이 있었고, 지옥의 고통에 대한 중세의 공들인 묘사는 수 세기 동안 인간 삶의 색조를 어둡게 했다. 이 종교가 의미한 것은 각각의 사람이 자기 영혼의 관리인이고 그 일에 대해 신에게 책임을 진다는 것이었다. 죽음은 이 두려운 책임에서 벗어나는 것이 아니었다. 왜냐하면, 심판이 무덤 너머로 이어졌기 때문이다. 기독교는 신분이 높은 사람에게나 낮은 사람에게나 똑같이 영향을 주었다. 계속 그렇게 기억되겠지만, 그리스와 로마의 종교와 철학은 매우 엘리트적이었다. 온전한 인간다움은 오직 영웅과 철인에게만 가능했고, 노예는, 그리고 어느 정도까지는 여성도, 이상적 인간의 열등한 표본이었다. 이런 판단을 기독교는 종종 뒤집었다. 신이 요구한다고 생각되는 사랑의 정신에 가장 가까이 있는 사람이 신분이 낮은 자들이라는 것이었다. 평화와 사랑을 가르치는 믿음에 열성적이었던 여자들이 특별히 이들에 포함되었다.

고대 공화국을 열성적으로 지지한 몇몇 사람들은, 마키아벨리와 니체는 이 계열의 사상가들인데, 기독교 신앙의 이런 측면을 사람을 나약하게 만드는 경건주의로 여겼다. 이것이 전사(戰士)에게서 발견되는 활력과 명예욕에 적대적이기 때문이다. 이에 대해 어떤 시각을 취하건 간에 우리가 중세의 '기독교 공화국(respublica Christiana)'이 두드러지게 평화롭거나 순종적이었다는 결론을 내릴 필요는 없다. 성질 잘 내고 싸우기 좋아하는 왕들과 귀족들 사이에서 교회는 평화와 겸손을 북돋으려고 실제로 노력하기도 했지만, 또한 성전(聖戰)을 부르짖기도 했다. 대부분의 성전은 예루살렘을 이슬람으로부터 전력을 다해 되찾는 것을 목표로 했다. 현재의 권력에 복종하라고 기독교인에게 권고하는 바울 사도의 「로마서」 13장 속 말씀이 설교를 통해 아무리 많이 반복되었어도 유럽인들의 삶은 두드러지게 사나웠고 반항적이었다. 정치적 삶과 관련해 기독교가 가진 진정한 의미는 기독교가 인간의 가치 기준을 바꿨다는 사실에 있었다.

기독교는 각 사람의 영혼이 신의 견지에서 볼 때 동등한 가치를 가진다는 것을 긍정했다. 〔기독교에 따르면—옮긴이〕 개개인의 가치는 보편적 이성의 분유(分有)에 있지 않고, 죄의 도전에 응답하는 인격에 있었다. 철학자들은 이 인격 관념을 설명하는 일이 어렵다는 것을 발견했고, 도덕적 삶을 이성과 정념 간의 경합으로 보는 고전적 설명으로 되돌아가려고 했다. 그러나 16세기 기독교 개혁운동 때 신교가 등장하면서 근대적 인간이 **의지**와 관련해 파악되어야 한다는 것이 신교도에게나 구교도에게나 똑같이 분명해졌다. 물론 그것이 의지를 단순히 자기 길을 가는 것과 동일시하는 피상적 의미에서는 아니다. 기독교는 인간의 관심을 정치적 정복과 세상의 물질적인 것에서 떼어내 내면적 삶의 경작으로 돌렸다. 근대 세계의 등장은 내면적 삶에 대한 관심과 세상에 대한 관여가 충분히 병행될 수 있는 사회가 서서히 구성되는 것이다. 근대 세계는 물론 동적인 과정이고, 이런 의미의 개인주의는 어쩌면 그 정점을 오래전에 지났을지 모르지만, 그 파편은 여전히 우리 주위에서, 내면을 채워 행복을 얻는 방법에 관한 대중 서적들에서, 그리고 기독교 신학의 구불구불한 여행의 산물로서가 아니면 생각될 수 없는 인권 관념의 유행에서 발견된다.

기독교는 로마 제국을 바꾸었고, 제국의 시민적 · 군사적 힘이 쇠퇴하는 중에 새롭게 영적인 싹이 틀 수 있도록 했다. 서쪽의 로마 제국은 자기를 로마 가톨릭 교회로 바꾸었고, 로마의 속주들은 주교의 관구가 되었으며, 황제가 쇠퇴하면서 교황이 권력자로 부상했다. 로물루스의 로마 건국 신화 대신 신국(神國)의 건설자 예수에게 초점이 맞춰졌고, 로마법의 특징들은 구약성서와 예수의 계시 사이의 관계를 이해하는 데에 이용되었다. 성서가 삶을 이끌었다. "너는 베드로라 내가 이 반석 위에 내 교회를 세우리니"라고 예수는 말했고, 베드로의 후계자들은 로마의 주교로서 유럽 대륙과 머지않아 세계를 지배하게 된 권력을 구축했다. 이 신성한 힘과 군주들이 가진 힘의 결합은 왕의 취임식을 종교적 대관식으로 바꿈으로써 단단하게 주조되었다. 교회는 혼인을 그저 사회적 결합으로만이 아니라 또한 신성한 결합으로 바꾸었다. 11세기에 교황은 세속 통치자 가운데 가장 강력한 자들과 동등한 조건 위에서 싸울 수 있었고 국가의 중대사를 통제할 수 있었다. 유럽은

〔교황이라는—옮긴이〕 절대군주에 의해 영적으로 다스려졌고, 그의 대리인들은 삶의 많은 영역을 통제할 책임을 졌다. 도시의 거대한 주교좌성당들과 지중해 연안부터 발트해 연안까지 모든 마을에서 발견되는 예배당들이 유럽의 건축 자체를 좌우했다. 머지않아 교황의 권력은 지나치게 확장되었고, 세속 통치자들은 자기를 다시 주장했다. 1309년 이후 교황은 다음 세기에 다시 로마로 돌아올 때까지 프랑스 왕이 장악한 아비뇽에서 여러 해를 보냈다. 그러나 교황의 힘은 귀족의 힘 외에 왕들이 자신들의 왕국을 건설할 때 균형을 맞춰야 할 또다른 힘이 됨으로써 유럽의 정치 구조에 지울 수 없는 영향을 남겼다.

제 5 장

근대 국가의 건설

중세 왕국이 어디에서 근대 국가에 길을 내주는지를 선택해보라. 대부분의 학자들은 16세기를 골랐지만, 한 세기는 긴 시간이다. 역사가들은 종종 유럽인들의 삶이 가진 이른바 봉건적 특징들을 프랑스혁명 때와 그 뒤까지도 발견해왔다. '근대 국가'는 정치의 종류가 많고 상이하다는 것을 숨기는 우산 같은 용어이다.

종교가 이야기의 중심에 있다. 중세 후기에 표출된 이단자들의 불평은 루터가 비텐베르크에 있는 교회 문에 자신의 95개조 반박문을 붙임으로써 교황에게 도전한 1517년 이후 완전히 자란 분열로 바뀌었다. 종교는 정치를 결정했다. 왜냐하면, 대부분의 사람들에게 가장 중요한 것은 영원한 구원이었기 때문이다. 공동체들은 신을 불쾌하게 하는 신앙의 형태들을 관용하기를 꺼렸다. 16세기의 〔개신교—옮긴이〕 개혁과 〔가톨릭—옮긴이〕 대항개혁은 엄청난 영적 열성을 만들어냈다. 이 시기 동안 잉글랜드 정치의 많은 부분은 조국을 이단으로부터 구하려고 노력한, 또는 그 반대로 조국이 교황이라는 미신에 다시 빠지는 것을 막으려고 노력한 순교자들과 관련되었다. 이 정념들이 가진 정치적 의미는 그 시대의 시민 사회가 신자들의 연합으로 간주되었다는 사실에 놓여 있다. 근본적인 공동의 신앙을 거부하는 것은 일종의 내적 이주(移住)였다.

근대 국가의 정치는 두 개의 상충하는 운동에서 생겨났다. 왕국들이 한편으로는 분해되는 경향을 보였지만, 다른 한편으로는 통일되는 경향을 보였던 것이다. 중심에 서게 된 군주들은 주권이라는 집중된 권력을 획득했지만, 이와 동시에 개인들과 기존 계급들 모두 특권과 관례를 확립할 수 있었다. 이 특권과 관례 가운데 어떤 것은 '권리'라는 새롭게 부상하는 어휘를 통해 공식적으로 표명되었다.

그보다 이른 시기에 귀족들은 세상을 점점 더 무질서하게 만드는 요소였다. 그들은 전사 계급을 구성했다. 이들 전사 계급은 자기들끼리 말고는 거의 싸우지 않았다. 유럽 전역에 걸친 내전과 국지적 분쟁은 유럽을 원시적 상태로 되돌릴 위협이 되었다. 1485년 튜더 왕조가 등장하기 전 30년 동안 잉글랜드에서 벌어진 장미전쟁은 대체로 권력에 굶주린 귀족들의 기회주의적 행동의 결과였지만, 다음 세기에 벌어진 프랑스 종교 전쟁은 귀족의 야심과 종교적 열성이 뒤섞인 것이었다. 1642년 이후 벌어진 잉글랜드 내전과, 같은 시기〔1618~1648 —옮긴이〕 독일 땅에서 벌어진 30년전쟁은 모두 중세적 지방분권 체제가 중앙집권적 근대 국가로 서서히 바뀌어가는 과정의 일부처럼 보였다. 내전에 대한 공통된 반응은 절대적 통치를 열성적으로 지지하는 것이다. 전쟁을 하기 위해서는 둘 이상의 행위자가 필요하므로, 모든 권력을 한 사람의 최고 통치자에게 집중시키는 것이 합리적으로 보였다. 그의 법을 따르는 것이 평화를 보장할 것이었다. 그러나 바로 그런 절대적 통치자는 자신의 권력을 남용할 수 있었다. 많은 사람들이 전제의 가능성을 두려워했음이 분명하다. 그러므로 셰익스피어의 희곡 『헨리 4세』의 2부에서 할 왕자는 자기 아버지의 죽음을 언급하면서 안심시키듯 다음과 같이 말한다.

> 아우들의 슬픔엔 약간의 두려움이 섞였군.
> 여긴 잉글랜드 궁정이네, 터키가 아니고.

새로운 정치는 궁정(court)을 중심으로 이루어졌다. 궁정 자체는 중세적 이동성을 곧 잃었고, 사치와 취향의 양식을 결정한 하나의 또는 그보다 많은 수의 거대한 궁전(palace)에 자리를 잡았다. 새로운 부류의 신하도 등장했는데, 바로 궁정인(courtier)이었다. 그들의 목적은 출세였고 그들이 가진 기술은 군주를 기쁘게 하는 것이었다. 귀족들은 궁정에 동화되었고, 군주의 조언자라는 자신들의 전통적 역할을 유지하기 위해서는 배운 사람이 되어야 한다는 것을 깨달았다. 그것은 위험한 역할이었다. 반역죄에 관한 법이 근대 초기에 번성했다. 권력 게임에 뛰어든 대공들은 단두대로부터 불과 몇 걸음 떨어져 있지 않았다. 혈통상 왕위 계승 후보자가 되는 사람들이 부담하는 위험은 특히 컸다. 엘리자베스 1세는 스코틀랜드 여왕 메리의 처형에 마지못해 동의했다. 메리가 살아 있으면 로마 가톨릭의 반란을 위한 중심이 될 위험이 있었기 때문이다. 공중(公衆)의 의견이 더 넓은 세상으로 나와 움직였다. 특히 도시에서 팸플릿과 신문이 공중의 의견을 자극했다. 그것을 가능하게 만든 것은 인쇄술이었다. 17세기에 이 해박한 공중은 정치에서 독립적인 역할을 하기 시작했다. 크롬웰의 군대는 신과 왕에 관해 깊이 생각한 남다른 사람들로 가득했다. 이들은 1647년 퍼트니에서 벌어진 논쟁에서 드러나듯이 자신들을 직설적이고 힘찬 문장으로 표현할 수 있었다.

근대 초기의 궁정 생활을 불행하고 멜로드라마 같은 세계로 생각해도 틀리지는 않는다. 교수대에서 맞이한 최후가 문학적 재현에 영감을 제공한 많은 인물들, 예컨대 ("왕의 훌륭한 종이었지만 신의 첫번째 종"이었던) 토머스 모어, 앤 불린, 제인 그레이 부인, 에식스 백작 등을 떠올려보라. 정치라는 게임에서 자기의 목숨을 거는 것은 18세기 초까지 여전히 치명적인 선택지였다. 그후로는 오직 혁명이라는 극적인 사건만이 죽음과 투옥의 위험을 부활시켰다. 근대의 자유로운 민주정에서 정치인들은 침대에서 죽기를 확신을 가지고 기대한다. 근대 세계에서 〔총살형을 위한—옮긴이〕 사격 부대나 〔교수형을 위한—옮긴이〕 올가미에 의지하는 것은 오직 전제국가들뿐이다.

근대 초기의 리스크 많은 정치는 통치자의 불안에서 비롯했다. 근대 민주정에서 민주주의라는 교리는 통치자들이 피치자들과 기본적으로 조화롭다고 잘못 암시한다. 그러나 권위가 있다는 바로 그 사실이 통치자를 피치자로부터 필연적으로 떼어놓는다. 완전한 친밀함과 솔직함은 통치자에게 위험한 관대함이다. 왜냐하면, 통치자의 운명 역시 어느 정도는 피치자들이 가지는 희망과 공포에 달려 있기 때문이다. 전제국가에서 통치자와 피치자 간의 격차는 종종 통치자를 신으로 해석하는 것에 의해 인정되었다. 정치적 활동의 등장은 이런 선택지를 매우 분명하게 거부한다. 한 가지 관점에서 본 정치의 역사는 통치자와 피치자 사이의 이 거리를, 설령 제거할 수 없더라도, 최소화할 방편의 탐구이다. 예를 들어, 그리스 '폴리스'

와 로마 공화국에서 사람들은 어떤 공적인 정신이 통치자와 피치자에게 정치적 활동을 위한 공통의 기반을 제공할 것을 기대할 수 있었다. 다른 한편, 중세 왕국에서 왕은 자기 봉신들의 지도자였고, 그 봉신들은 다시 자기들 밑에 있는 자들에 대해 책임을 졌다. 규칙은 도덕적 관계였다. 왕은 왕국 바깥에 있는 귀족들과의 관계에서 (무자비함과 위선을 포함하는) '정책(policy)'이라고 불리는 활동에 관여했지만, 자기 인민을 향한 '정책'을 적어도 원칙적으로는 필요로 하지 않았다. 그러나 근대성의 등장과 함께 자기 자신의 사나운 신민들을 관리할 때 '정책'을 실행하는 것이 필요해졌다. 이 신민들의 상당수는 이제 글을 읽을 수 있었고, 그들 자신의 매우 확실한 종교적 · 정치적 시각을 가지고 있었다. 어쩌면 그 시각이 시민들로 하여금 정권 교체를 지지할 마음을 품게 할지도 모르는 일이었다. 개인주의적 사회가 가진 이질성이 추상적인 법에 의해 다스려지는 큰 국가에서 질서를 유지하는 문제와 결합하여 '새로운 정치'를 낳았다.

새로운 정치는 이탈리아의 도시국가들에서 가장 먼저 분명하게 나타났다. 그곳에서 시민공화국은 참주에 의한 지배에 길을 내주었다. 참주들은 견제받지 않는 권력을 행사하여 평화를 지킨 오만한 모험가들이었다. 중세의 군주가 신의 기름부음 받은 자로서 자신의 지위와 종교적 신분을 비교적 안전하게 지킬 수 있었던 것과 대조적으로 '시뇨레(signore)'는 의심이 많아야 했고 방심하지 말아야 했다. 그의 불안전한 통치는 언제나 위험에 처해 있었다. 그의 왕국 안에 있는 유력 가문들이 이웃한 도시국가들과 함께 언제 음모를 꾸미거나 동맹을 맺을지 모르는 일이었다. 이 '국가 운영의 기술'(새로운 정치는 그렇게 불렸는데)은 머지않아 정의에 대한 전통적 관심을 외관에 지나지 않는 것으로 바꾸었고, 언제나 통치의 기술에 관한 전통적 설명의 일부이긴 했지만 보통 종속적 부분이었던, 권력을 유지하는 방법에 대한 냉소적 조언으로 관심의 초점을 옮겼다. 이런 유형의 군주는 이제 전적으로 '정책'에 의존했다. 이 정책의 아마도 가장 중요한 부분은 신민을 군주의 이익에 계속 충실하도록 하는 일에 사용할 관리 기술이었을 것이다. 마키아벨리의 『군주론』은 이런 기술의 안내서이다. 이 책의 교훈은 머지않아 보테로의 공식 속에서 '국가이성'으로 요약되었다.

여기에 전적으로 새로운 정치 관념이 있었다. 그 관념은 적어도 정치를 주도면밀하게 이론화했다는 점에서 새로웠다. 동시대인들은 그 관념을 때로는 현실주의(마키아벨리의 표현을 따르면, 정치의 '실효적 진리')의 한 형태로 간주했고, 때로는 부패하고 타락한 시대의 징조로 간주했다. 이 부패를 측정할 기준은 키케로가 정의하고 로마 제국 말기와 중세 시대의 많은 계승자들이 전달한 고전적 공화국의 전통이었다. 이 새로운 정치 관념 속에서 통치자의 우선적 관심사는 공평한 것이었고 도시 전체에 걸쳐 덕(virtue)을 장려하는 것이었다. 왜냐하면, 평화와 좋은 질서가 궁극적으로 덕에 달려 있었기 때문이다. 고전적 공화국 이념은 하나의 사상 전통에 영감을 주었다. 이 전통은 근대 초기에 국가이성이라는 새로운 정치에 압도되어 주로 철학자들, 공상적 사회개혁론자들, 팸플릿 저자들의 글 속에 보존되었다. 고전적 공화국 이념은 근대 정치사상의 복잡한 역사 속에서 끝없이 변형되며 생존했다. 모호한 마키아벨리는 『로마사 논고』에서 이런 공화주의적 국가 관념을 설명했고, 그것은 널리 퍼졌다. 공화국이라는 잃어버린 세계에 대한 향수는 근대 초기의 군주정에 대한 충성과 대조되는 요소였으며, 18세기에 '구체제(ancien régime)'에 대한 계몽주의의 비판을 지배하게 되었다. 공화주의적 표현 속에서, 그리고 다수의 사려 깊은 중간 계급의 의견 속에서 군주정은 낭비적이고, 전쟁을 좋아하고, 착취적이며, 인간성을 모욕하는 것으로 보였다. 실제로 군주는 참주와 거의 달라 보이지 않았다. 그러나 이런 교리를 토머스 홉스는 『리바이어던』(1651)에서 공격했다. 홉스는 그런 이상주의가 젊은 학자들을 야심 있는 사람들의 앞잡이로 만들어 유럽에 엄청난 유혈참사를 가져왔다고 주장했다.

홉스는 새로운 문제들에 응답하고 있었다. 이 새로운 문제들 가운데 하나는 종교적 불화나 귀족의 야심이 근대 국가를 내전으로 몰아넣을 수 있다는 것이었다. 또다른 문제는 개인성이라는 현실이었다. 왜냐하면, 심지어 개인들도 서로 종교, 덕, 정책, 그리고 그 밖의 많은 것들에 관해 파괴적으로 충돌할 수 있었기 때문이다. 실제로 고전적 형태의 공화정 모델을 매력적인 추억에 불과한 것으로 만든 것은 (근대 군주국가가 도시국가처럼 같은 종류의 공적인 삶을 가지기에 너무 크다는 사실 외에) 근대의 의견이 가진 바로 이 다양성이었다. 홉스가 이 의견의 다양성을 결합한 방법은 다음과 같이 주장하는 것이었다. 모든 사람이 동의할 수 있는 유일한 기본 사항은 죽음, 특히 갑작스러운 죽음이 가장 나쁜 일이라는 것이다. 이 문제들에 대한 홉스의 이론적 해법은 현실에서 실제로 전개되고 있었던 것을 많이 모사했다. 개개인의 평화로운 공존을 위해 필요한 합의를 강제할 권한을 지닌 최고 권력(sovereign power)이 각 국가에 있어야 한다는 것이다. 주권(sovereignty)이라는 생각은 홉스에 앞서 프랑스 법률가 장 보댕이 『국가에 관한 여섯 권의 책』(1576)에서 탐구한 바 있었다. 보댕은 주권이 "국가에 부여된 절대적이고 영구적인 권력, 곧 라틴어로 '마이에스타스(maiestas)'라고 불리는 것"이라고 말했다. 그러나 보댕이 자신의 국가의 기초를 가족에 둔 것과 다르게 홉스는 영광을 바라는 정념과 죽음에 대한 두려움 사이에서 찢긴 개인들을 강조했다. 주권자가 가진 권위의 원천은 인민들 자신의 동의에 있었다. 실제로 그들은 주권자를 자신들의 대표로 지명함으로써만 올바른 의미에서 하나의 인민이 되었다.

주권 이론은 정치의 핵심 문제 가운데 하나를 강조해 보여준다. 자유가 법 아래 사는 것에 있다는 주장은 보편적으로 받아들여진다. 그러나 그러기 위해서도 일단 법이 만들어져야 한다. 그렇다면 입법자의 지위는 무엇일까? 만약 입법자가 법 아래 있다면 그는 법을 만들 수 없고, 만약 그가 법 위에 있다면 그의 신민들은 자유로워지는 일에 필수적인, 압제에 대한 보호 수단을 결여한다. 홉스는 근대 국가의 신민들이 전제군주의 변덕에 의해서가 아니라 법에 의해 다스려져야 한다는 것에 확실히 동의했지만, 근대적 조건은 특별한 상황을 다룰 자유재량권을 통치자가 가질 것을 요구한다. 이론적 수준에서 문제는 해결될 수 없다. 다른 말로 하면, 주권적 권위자에게 필수적인 힘을 주는 일에는 언제나 약간의 위험이 따른다는 것이다. 그 실용적 논거는 힘을 주지 않는 편이 더 나쁘다는 것이다. 왜냐하면, 최고 권력이 없으면 신민이 다른 사람들의 공격에 맞서 아무런 보호도 받지 못하기 때문이다.

이 논리는 극단적인 상황의 핵심을 적나라하게 보여준다. 좀더 자신만만한 사람들이나 어쩌면 위험에 그저 무관심한 사람들은 국가가 이성적인 사람들의 도덕적 합의, 즉 자연법 또는 (나중에) 자연권이라고 불리는 도덕적 명령들의 꾸러미에 기초를 둘 수 있다고 생각할지 모르겠다. 이것이 주권이 가진 위험의 문제를 해결해줄 수 있을지 모른다. 홉스보다 어린 동시대인 존 로크는 『통치론』(1689)에서 신민의 권리를 결정할 전적인 권한을 어느 개인에게 준다는 생각을 조롱함으로써 암묵적으로 홉스를 비판했다. 한 사람에게 그런 권한을 주는 것은 "인간이 스컹크나 여우로부터 받을지도 모르는 해악을 피하기 위해 조심을 하면서도, 사자에게 잡아먹히는 것에 만족하거나, 아니 심지어 안전하다고 생각할 정도로 어리석다고 생각하는 것"이다.

로크는 사람들이 자연법에 대해 동의할 것이라고 확신했기 때문에 근대 정부의 이론과 실천에서 모두 핵심적인 문제에 무감각했다. 토머스 모어와 헨리 8세 사이의 갈등, 법무장관 코크와 제임스 1세 사이의 갈등, 그리고 잉글랜드 의회와 찰스 1세 사이의 갈등은 모두 국가가 필요로 한다고 통치자가 생각하는 것과 국가가 허용할 것이라고 법률가가 말하는 것 사이의 영원한 긴장을 보여주는 사례이다. 미국의 닉슨 대통령을 추락시킨 워터게이트 사건과 프랑스혁명 기간의 공안위원회의 소행은 동일한 기본적 긴장을 보여주는 완전히 다른 종류의 사례이다. 최고 권력은 국가의 힘을 잘못 사용할 수 없도록 여러 가지 방식으로 변화해왔는데, 민주정과 권력분립도 그런 방식들 가운데 일부이다. 자연법, 권리, 동의, 내셔널리즘, 일반의지 개념은 최소한 문제를 어느 정도 완화해주는 이론들이다. 그러나 가장 잘 규정된 세상에서조차 정치권력은 필요하지만 위험한 요소라는 것이 인식되어야 한다. 어떤 예방책도 완전한 안전을 보장할 수는 없다.

이 문제는 근대적 기술이 통치자가 이용할 수 있는 실질적 힘을 꾸준히 증가시켰기 때문에 점점 더 심각해졌다. 펜과 잉크는 관료의 발전을 가능케 했다. 관료의 기록이 기억보다 오래가기 때문이다. 신분증과 여권이 발급되고 확인될 수 있었으며, (1648년 베스트팔렌 조약에서 처음 이루어졌듯이) 지도 위에 정확하게 국경선이 그어질 수 있었다. 폭약은 귀족들의 요새를 쓸모없게 만들었고, 인쇄물의 검열과 통제는 통치자로 하여금 자기의 신민이 접할 수 있는 생각들을 어느 정도 결정할 수 있도록 도왔다. 그러나 근대적 기술이 정치에 끼치는 영향이 통합과 분열이라는 우리의 주제에 따라 커지고 작아진다는 것은 분명할 것이다. 정부의 힘은 19세기 말과 20세기 초반 동안 이용할 수 있었던 감시 기술에 의해 커졌을 것이다. 그러나 최근에는 관광, 컴퓨터, 지리적 이동이 그 반대의 효과를 낳았다.

근대 국가가 정치에 관한 모든 생각을 뒤집었다는 것, 그리고 이런 변화가 종교적 변화에 대응해 일어났다는 것은 이미 분명할 것이다. 고전 시대의 사람들은 국가에 대한 봉사에서 자신들의 본성을 가장 만족시키는 것을 발견했다. 근대 유럽인들은, 무엇보다도 구원에 관심이 있는 개인들로서, 종종 국가의 기능을 그저 그들 자신의 개인적 기획에 필요한 평화를 보장해주는 것으로 간주해왔다. 국가에 대한 자유주의적 시각은 이런 태도의 세속적 형태에 불과하다. 그런 정부가 약하고 분열적이라고 생각할 수 있겠지만, 사실 근대 국가는 주목할 정도로 튼튼하고 지속적이다. 독일 철학자 헤겔이 『법철학』(1821)에서 국가를 "지상에서의 신의 행진"이라고 묘사했을 때, 그것은 물론 과장된 것이었지만 국가와 우주적 운명 사이의 연결에 대한 감각을 예언자적으로 표현한 것이었다. 국가의 운명은 헤겔의 시대 이후로 많은 유럽인들에 의해 감지되었고, 지난 두 세기의 대규모 전쟁에서 증명되었다.

중세의 흔들리는 왕국들에서 '국가'라고 불리는 눈부신 새 제도적 장치가 등장했다. 그것은 너무도 눈부셔서 세계를 사로잡았다. 그것은 인류가 만들 수 있는 전능함에 가장 가까운 것을 대표했다. 그리고 기술적인 세계에서 곧 꿈의 중심이 되었다. 인간의 조건 속에 있는 무슨 결함이 제대로만 이해된다면 과연 치료될 수 없겠는가? 두 가지 대조적인 태도가 근대 정치의 반복적 흐름을 보여준다. 첫번째는 국가를 우리가 누려야 할 시민적 질서를 지탱하는 것으로 보는 자유주의적 시각이다. 이것은 중세의 자유 관념과 왕권 관념으로부터 내려오는 시각이다. 두번째는 국가 운영 기술을 착취당하는 신민의 열망을 거슬러 그 위에 군림하는 뭔가 억압적인 것으로 보는 시각이다. 이는 국가가 억압적이기 때문에 문제라고 여기는 것이다. 그러므로 국가는 인간화될 필요가 있다. 이 두번째 시각은 국가를 일거에 지양하려는, 그리고 정치에서 불가피한 통치자와 신민 간의 간격이 완전히 사라진 완벽한 공화국을 창조하려는 열망을 불러일으켰다. 근대의 정치는 대부분 이 두 가지 대안적 시각 사이의 대화이다.

제 6 장

근대 사회의 분석

근대 국가를 어떻게 시각화해야 할까? 세계가 더 복잡해질수록 근대 국가를 시각화하는 일도 더 어려워진다. 그러나 우리는 대부분의 시민 연합이, 항해를 위해 조종되는 선박으로 시각화되지 않은 경우, 정치적 신체로 시각화되었다는 것을 기억함으로써 이 문제에 접근할 수 있을 것이다. 정치적 연합에는 다스릴 머리 또는 통치자가 있어야 하고, 자기를 방어할 무기 또는 전사가 있어야 한다. 로마의 귀족 메네니우스 아그리파가 (플루타르코스의 이야기에 따르면) 성난 농민들에게 그들이 원로원 지도부에 맞서 반란을 일으켜서는 안 된다고 설득할 때 주장한 것처럼, 조언자들은 〔머리와 같은—옮긴이〕 심의 기관이고, 전령들은 신경이고, 농업은 이 복잡한 신체의 배이다. 셰익스피어는 종종 이 정치적 신체의 이미지를 이용했다. 『트로일로스와 크레시다』에서 율리시스가 하는 그 유명한 말에서 셰익스피어는 그 핵심을 또다른 음악적 비유를 이용해 묘사한다.

질서가 없어지면, 조율 안 된 현악기마냥
불협화음이 생깁니다. 모든 게
투쟁 상태에 놓이게 될 뿐이죠.

국가를 신체에 비유하는 것은 국가가 하나의 통합된 집합적 구조물이며 그 안에서 각 요소가 전체적 조화 속에서 제 역할을 해야 한다는 것을 뜻했다. 국가 안의 개인과 집단은 그들이 속한 사회의 피조물로서만 의미를 가졌다. 전체에 대한 부분의 관계는, 토마스 아퀴나스가 말한 것처럼, 완전에 대한 불완전의 관계였다.

기독교는 시민적 조화라는 이 관념의 기반을 흔든 지진이었지만, 주목할 만한 것은 파괴된 고전적 구조가 1500년 동안 그 자리에 남아 있었다는 사실이다. 마키아벨리를 따라 우리는 시민적 조화의 이상과 그리스 및 로마에서 나타난 공적 삶의 다소 소란스러운 대립적 관행 사이의 긴장이 자유의 한 가지 원천이었음을 지적했다. 그러나 조화로운 복종의 이상은 근대 국가를 대립하는 힘들의 평형상태로 보는 현실주의적 시각에 결코 완전히 항복하지 않았다. 기독교는 부분적으로 정치를 그저 평화와 세속적 정의를 지탱하기 위한 일시적 도구로 강등시킴으로써, 그리고 부분적으로 개개인의 영혼을 돌보는 일을 삶에서 근본적인 것으로 만듦으로써 시민적 조화라는 이념을 손상시키면서도 그것을 자기 목적을 위해 이용했다.

기독교는 〔종교적 사회와 세속적 사회로—옮긴이〕 분열된 사회 안에서 살 것을 유럽인들에게 가르쳤다. 몇몇 유럽인들은 이후에도 계속 잃어버린 통일성을 회복하기 위해 노력했다. 개별 기독교인은 자신을 하나가 아닌 두 개의 집합적 신체, 교회와 시민 공동체, '사케르도티움(sacerdotium)'과 '레그눔(regnum)'의 일부로 여겼다. 중세의 법은 개인들로 이루어진 길드나 대학과 같은 법적 신체들을 추가로 설립함으로써 능동적이고 활기찬 주민들에게 반응했다는 점에서 또한 놀랄 만큼 융통성이 있었다. 말하자면 이 신체 안의 신체들은 유럽인들을 근대성의 변형에 익숙하게 했다. 새로운 주권 국가는 어떤 관점에서 보면 단순히 한 명의 주권자 밑에 있는 평등한 신민들의 집합이었지만, 또한 고도로 분절된 복잡한 신체였다.

근대성의 본질은 개인성에 대한 이 새로운 느낌의 발전에 놓여 있었다. 개인성은 자기가 태어난 자리를 채우기보다 고유의 재능과 선호에 따라 자기 삶을 더욱더 이끌려는 성향이다. 개인주의의 선구적 작업은 종교의 영역에서 이루어졌다. 종교의 영역에서 자기의 선호를 추구하는 일은, 그것은 이곳에서 '양심'이라고 불리는 다소 새로운 천으로 장식되었는데, 권리이기보다는 의무였다. 〔16세기에 일어난—옮긴이〕 기독교 개혁운동으로 인해 많은 사람들은 자신들의 선호에 맞지 않는 종교를 부과하는 통치자 밑에서 궁지에 몰렸고 결국 이주했다. 〔메이플라워호를 타고 아메리카로 건너간—옮긴이〕 청교도들처럼 어떤 사람들은 자신들이 옳다고 여기는 것을 충분한 정도로 반영할 수 있는 완전히 새로운 사회를 세웠지만, 다른 사람들은 잉글랜드를, 또는 스코틀랜드를, 또는 스위스의 도시국가들을 자신들의 판단에 따라 경건한 장소로 바꾸려고 노력했다. 그러나 돈을 벌거나 자기의 재산을 걸거나 군인이 되거나 자기의 삶을 예술에 바치는 것 같은 다른 선호들도 전통적 안정성을 해체하는 데에 기여했다. 특히 도시에서 개인들은 그들 자신의 선호를 고집스럽게 추구했다. 이 운동은 수백만의 유럽인들이 자신들에게 가장 잘 맞는 종류의 국가를 말하자면 쇼핑하듯이 선택해 신세계로 이주한 19세기에 정점에 이르렀다. 바로 이런 기회의 추구가 아메리카 대륙의 여러 나라들을 세웠지만, 훨씬 더 중요한 것은 서구 세계 전체에 나타난 시골에서 도시로 향하는 흐름이었다.

이 유동적이고 자립적인 개인들은 이제 하나의 단일한 활동적 신체에 그저 기여하기만 하는 부분으로 여겨질 수 없었다. 그들은 확실히 신민이었고 시민이었지만, 그들 자신의 사적인 삶도 가지고 있었고, 수많은 사회적 활동들도 했다. 국가는 그저 그 활동들을 보호하기 위한 우산 같은 것이었다. 근대 초에 국가와 사회는 분명하게 구별되었다. 아리스토텔레스는 인간을 정치적 동물로 규정했지만, 13세기에 토마스 아퀴나스에게 이미 인간은 정치적이면서 동시에 **사회적**이었다. 17세기에 대부분의 사회계약론은 사회의 시작과 국가의 건설을 구별했다. 사회는 심지어 자율적인 양태의 연합으로 상상될 수 있었다.

사회는 **국가**에서 태어났다. 사회는 〔마르크스가 생각한 것 같은—옮긴이〕 어떤 분리의 과정을 거쳐 국가로부터 자기를 떼어내는 마지막 유형의 연합이 결코 아니었다. 유럽의 상업적 성장은 인간이 또한 상품의 생산자, 분배자, 소비자 역할을 한다는 것을 보여주었다. 이 역할 속에서 인간은 종종 가격이라는 줄들에 매달린 꼭두각시 인형처럼 보였다. 정치철학자들은 돈을 종종 부패의 잠재적 원인으로 보았지만, 통치자들은 신민에게서 돈을 뽑아낼 방법에 더 많은 생각을 기울였다. 18세기에는 개인들을 그저 신민이나 사회적 존재로만 여기지 않고, 또다른 독특한 연합 관계, 곧 정치 경제 또는 더 단순하게 **경제**에 참여하는 존재로도 여기는 것이 가능해졌다.

경제에 관해 주목할 만한 것은 그것이 참여자들의 의지와 대체로 무관한 체계처럼 보인다는 것이었다. 이 점에서 경제는 흥미롭게도 과학에 의해 드러나고 있었던 자연을 닮았고, 예측할 수 없는 인간의 결정이 규칙이 되는 사회적 삶이나 정치적 삶과 현저하게 달랐다. 경제적 수량들의 움직임은 적어도 원칙적으로는 결정적이었다. 상품의 가격이 오르면 소비자들은 그것을 덜 구입했고, 그러면 그것이 가격을 다시 낮추었다. 수요가 일정하게 유지되는 한, 공급이 부족한 상품의 가격은 틀림없이 올랐다. 여기에서, 즉 경제학에서 진정한 인간 과학으로 나아갈 열쇠가 발견될 수 있다는 생각이 몇몇 사상가들의 머릿속에 문득 떠올랐다. 위대한 아이작 뉴턴은 지구가 태양계 안에서 정확한 법칙에 따라 움직이는 하나의 행성임을 증명했다. 1776년에 애덤 스미스는 『국부론』을 출간했다. 이 책은 경제를 태양계와 비슷하게 법칙이 적용된 방식으로 움직이는 추상적 개념들의 체계로 제시했다.

관계들의 이 새로운 체계가 그리스의 가정을 확대한 것과 닮았기 때문에 사람들은 그리스어 '오이코스(oikos)'에서 따서 그것을 '이코노미(economy)'라고 불렀고, 근대의 경제를 고대의 가정 경제와 구별하기 위해 '정치' 경제라고 불렀다. 근대 경제의 위대한 성취는 번영을 일으킨 사실뿐만 아니라 이 번영이 노예 노동이 아닌 자유로운 노동에 의해 성취되었다는 사실에도 있었다. 그것은 곧 많은 사람들에 의해 유럽 문명의 도덕적 진보성의 증거로 간주되었다. 진보는 이성의 산물이었다. 이성은 생산 과정을 그 어느 때보다도 더 단순하게 여러 부분들로 나누어 분석할 수 있었다. 어떤 부분을 기계화하고 다른 부분을 반복 수행케 하는 것은 효율성을 높여 엄청난 이익을 가져다주었다. 초기 경제학자들은 이 성취를 기뻐했지만 그 가능성에 넋을 잃지는 않았다. 그들은 자원의 투입 증가에 대한 수확 체감에 대해 알고 있었으며, 대부분의 인구가 대략 생존 수준에서 살게 될 운명이라는 토머스 맬서스 목사의 추측은 경제를 암울하게 했다. 인간의 조건을 실제로 바꿀 수 있었던 것은 잉글랜드의 매우 합리적이고 창의적인 사람들이 자신들이 엄청난 양의 석탄이 매장된 곳의 표면 위에 있다는 것을 발견한 우연한 일이었다. 물과 바람은 인간의 근육을 그저 보완했지만, 석탄의 힘은 원격조정의 세계를 향한 진보를 작동시켰다. 무한한 인간의 가능성이라는 〔램프에 갇혀 있던—옮긴이〕 요정이 풀려났다. 그것이 정치에 대해 생각하는 사람들의 정신을 흥분시켰을 것임에는 의문의 여지가 없다.

특히, 유럽의 주권 국가들은 기술적 진보에서 자신들이 가진 영토의 한계를 넓히는 핵심 기획의 추진 방법을 보았다. 이

기획은 일차적으로 전쟁에서 자신들의 운을 시험해보도록 이끌었다. 전쟁은 종종 그 국가들을 파산으로 이끈 투기였다. 국민의 힘을 증대하려는 정책은 국민들 사이의 거래가 부의 획득을 위한 경쟁임을 암시했다. 국제 무역은, 훗날의 특수용어로 말하자면, 나의 이익이 너의 손실이라는 '제로섬 게임'처럼 보였다. 그러므로 국가들은 무역을 독점하려고 노력했고, 산업 기술을 비밀에 부쳤고, 자국 산업을 경쟁으로부터 보호했으며, 인적 자원을 포함한 국민의 생산적 자원을 합리적으로 관리했다. 경제적 경쟁에 이성을 이렇게 적용하는 것을 중상주의라고 불렀다. 중상주의는 그리 큰 성공을 거두지 못했다. 그래서 무역에 중앙의 지시를 부과하는 일에 왕조가 덜 유능했던 영국인들이 오히려 다른 나라 사람들보다 더 빨리 부유해졌다. 영국인들은 애덤 스미스가 상세히 설명한 원칙을 따라 점점 더 상업을 규제 없이 내버려두었다. 그 원칙에 따르면 무역은 양쪽 당사자 모두에게 이로운 것이기 때문이었다.

18세기 말 유럽인들은 자신들을 국가 안에서 신민과 시민으로, 사회 안에서 계급, 제도, 종교, 또는 신분 집단의 구성원으로, 그리고 경제 안에서 생산자와 소비자로 이해하게 되었다. 그들은 자신들이 **문화**의 담지자라는 것을 또한 배우기 시작했다. 합리주의는 유럽인들이 '인간의 권리'라고 곧 불리게 될 것을 공유하고 있다는 점에서 그들 자신을 인류의 일부로 여길 것을 가르쳤었지만, 이제 낭만주의는 유럽인들로 하여금 각각의 인민이 특수한 언어 또는 방언을 말하고, 특수한 음식 취향, 관습, 예절, 예술적 유산 등을 즐긴다는 사실에 주목하도록 만들었다. 문화는 정치적 신체라기보다는 일종의 영적 신체였다(그런 의미에서 독일어 단어 '폴크스가이스트(Volksgeist, 민족정신)'는 문제의 핵심을 찌른 것이었다). 그것은 시와 노래 속에서 표현되었고, 인간적 가능성의 독특한 변형이었다. 이 시기의 큰 국가들은 국민 예술가들을 갖추고 있었다. 이탈리아 사람들에게는 단테가, 스페인 사람들에게는 세르반테스가, 프랑스 사람들에게는 라블레와 라신이, 그리고 잉글랜드 사람들에게는 셰익스피어가 있었다. 작은 문화들은 때때로 처음부터 〔국민 문화라는—옮긴이〕 이 틀에 자기를 맞춰야 했다. 헌신적인 교사들은 글을 썼고 언어를 형식화했으며, 예술가들은 문학과 이미지를 창조했으며, 역사가들은 국민적 신화를 창조했다.

근대의 정치적 신체는 하나가 아니라 여럿이라는 것이 드러났다. 만약 우리가 심리학의 구성 성분인 정신을 추가하면, 이제 우리는 국가, 사회, 경제, 문화에서 사회과학의 개념적 기본계획을 가지게 된다. 각각의 연합은 하나의 개념으로서 이론과 분류라는 거대한 상부구조를 지탱한다. 그러나 우리의 관심은 그보다는 이런 자의식 강한 연합들이 근대의 정치적 갈등의 드라마를 위한 무대를 만든다는 사실에 있다. 이 연합들이 많은 강력한 정치 이론을 만들 수 있는 격자(格子)를 제공했다.

예컨대, 경제와 국가가 구별될 때까지 정치와 경제의 관계에 대한 성찰인 근대 사회주의 이론은 있을 수 없다. 또한, 문화와 사회가 구별될 때까지 내셔널리즘은 아무 의미가 없었을 것이다. 내셔널리즘은 모든 문화가 자기를 결정해야 한다는 교리이다(마치니와 우드로 윌슨 같은 다양한 인물들이 채택한 이 교리는 체코인, 세르비아인, 아일랜드인, 바스크인, 브르타뉴인 등의 인민들을 움직였다). 이 교리는 비슷한 타자와 다투는 기성 국가들의 열정적 연대감을 가리키기 위해 '내셔널리즘'이라는 용어를 감상적으로 사용하는 것과 구별되어야 한다. 이것은 완전히 다른 것이다. 모든 갈등이 내셔널리즘에 의해 일어나므로 평화로의 길은 국제적 권위체의 지배를 위한 국민 주권의 포기에 있다는 오도된 이론은 이 두 가지를 혼동한 데에서 비롯했다.

이 추상적 연합들을 이론화하는 사람은 각각의 연합에 단일한 지배적 동기를 부여함으로써 또한 그것을 단순화하고 싶어진다. 예를 들면, '정치적 인간(homo politicus)'은 권력에 의해, '경제적 인간(homo economicus)'은 부를 향한 이기적 욕망에 의해 추동된다. 사회는 (때때로 그보다 좀더 감상적인 용어인 '공동체'의 그늘에 가려지지만) 연대를 뜻하고, 경제는 분열을 뜻한다. 인간 동기의 전체 범위가 사실은 근대적인 연합의 전체 스펙트럼을 가로질러 작용한다는 것은 강조할 필요가 없을 것이다. 권력은 문화와 얽혀 있고, 이상주의는 정치와, 스포츠는 경제와 얽혀 있다. 행위 동기와 연합을 단순하게 동일시하는 데에서 비롯하는 오류들이 근대적 삶에 관한 이론과 실천 모두에 걸쳐 오랫동안 날뛰어왔다. 여기가 그 오류들을 분석하는 자리는 아니지만, 한 가지 중요한 지적은 할 수 있을 것이다.

그것은 복잡한 역사를 가진 '자기 이익'이라는 표현과 관련된다. 근대적 삶의 도덕 체계 안에서 '자기 이익'은 이기심이라는 도덕적 악을 가리키지 않는다. 그것은 오히려 개인주의적 사회가 구성원에게 강제하는 **의무**를 가리킨다. 스스로 움직이고, 자기의 필요를 채우고 자원을 마련하기 위해 다른 사람에게 짐이 되지 말라는 것이다. 물론 어떤 사람들에게는 그렇게 하는 것이 불가능하기 때문에, 그리고 다른 많은 이유 때문에, 그러나 어쨌든 대부분의 사람이 이런 종류의 자기 이익을 지향하는 방식으로 행동할 수 없다면, 근대 사회는 뭔가 다른 것으로 바뀔 것이다. 물론, 자기 이익은 우리의 이웃과 우리가 접촉하는 다른 사람들을 배려하고 도울 의무를 결코 배제하지도 않으며 그 의무와 충돌하지도 않는다. 실제로 우리가 독립적으로 스스로 움직이지 않는다면, 우리는 그들에게 거의 아무런 도움도 될 수 없다.

네 가지 형태의 연합 가운데 어느 한 가지가 다른 것들보다 더 근본적이라고 주장할 수 있을까? 이것이 어쩌면 근대 정치철학의 근본 질문일 것이다. 홉스와 헤겔 같은 심오한 사상가들은 각자 매우 상이한 방식으로 국가가 다른 모든 것의 조건으로서 근본적이라고 주장한다. 이런 시각에 맞서 카를 마르크스는 반란을 일으켰다. 그는 경제를 정치의 경로를 결정하는 것으로 만들었고, 모든 것을 '사회'라는 용어의 확장된 의미 안에 병합시켰다. 마르크스는 우리가 묘사한 〔정치 이론의 구성을 위한—옮긴이〕 격자에서 떠오르는, 지적으로 저항할 수 없는 하나의 가능성을 가장 화려하게 탐색했다. 그 가능성이란 이 연합들 가운데 어느 한쪽이 다른 것들을 **결정한다**는 생각이었다. 마르크스는 1859년에 이렇게 썼다. "물질적 삶을 생산하는 양식이 사회적·정치적·지적 삶의 과정 전반을 결정한다." 계속해서 그는 생산의 경제적 조건을 물질적으로 바꾸는 것이 "자연과학처럼 정확하게 결정될 수 있다"고 주장했다. 이런 지식은, 만약 그런 지식이 존재한다면, 근대 사회과학의 〔모든 것을 금으로 바꿀 수 있다는 전설 속의—옮긴이〕 현자의 돌이 되겠지만, 우리는 결코 그런 것을 발견할 수 없다. 일부 회의론자들은 그런 지식이 발견될 수 있게 어딘가에 있는 것이 아니라고 믿는다.

어떤 다른 형태의 연합이 국가보다 더 근본적이라고 주장하는 정치적 행동주의자들은 비현실성에 사로잡혀 있다. 이 비현실성은 그들의 이론이 국가 자체보다 더 근본적이라고 주장하는 바로 그 영역을 사회적으로, 또는 문화적으로, 또는 경제적으로 바꾸는 프로그램에 착수하기 위해 그들이 실제로 추구하는 것이 국가 권력이라는 역설에서 비롯한다. 만약 표면적인 것이 근본적인 것을 결정할 수 있다면 그것은 〔근본적인 것이 나머지를 결정한다는—옮긴이〕 우리의 이론과 뭔가 어긋난다. 이 역설의 실천적 표현은 다음과 같은 경우들에서 발견된다. 공산주의자들은 국가를 그저 외관에 불과한 것으로 여긴다고 주장하면서도 국가를 폐지하기는커녕 절대적 권력을 창조했고, 아프리카의 민족주의자들은 문화적 단일성을 부과할 정부가 되기 위해 존재하지 않는 민족의 이름으로 말했다. 실제로 민족을 '창조'하는 것은 정부가 부과하는 문화적 통일성인데, 민족주의자들은 그 민족의 이름으로 행동한다고 처음부터 주장했다.

이 모든 이상한 노력들은 통일된 정치적 신체의 귀환을 바라는 항수적 열망에 대한 반응이다. 고전적 공화주의자들은 기독교가 사람들의 충성심을 세속적이고 시민적인 권위자들 사이에서 분열시켰기 때문에 그것을 원망했고, 사회주의자들은 우리가 작업장의 개인주의적 정언명령과 국가에 대한 공동체적 충성 사이에서 모두 조각으로 찢어졌다고 생각했으며, 민족주의자들은 우리의 문화적 정체성이 낯선 통치자의 압제에 의해 흐려졌다고 생각했다. 소외 개념은 우리를 괴롭히는 것이 무엇인지에 관한 하나의 영향력 있는 진단이지만, 근대 정치의 많은 부분은 돌이킬 수 없게 분화한 것들을 다시 합치려는 실패할 수밖에 없는 시도이다.

제 7 장

국제관계: 힘의 균형 맞추기

국가들은 내적으로 아무리 복잡할지라도 공격과 방어의 태세를 갖춘 무장 단체로서 서로 마주 보고 있다. 유럽의 역사는 대부분 전쟁의 이야기였다.

그 이유는 지금껏 그 어떤 평화롭고 풍요로운 사회적 조건도 자기를 방어할 수단 없이는 오래 유지되지 못했기 때문이다. 크고 작은 정치적 단체들로 이루어진 하나의 유럽은 전쟁의 무대였고, 그 전쟁들은 일반적으로 결론에 이르지 못했다. 어떤 국가도 나머지 국가들을 오랫동안 지배하지는 못했다. 유럽의 역사는 전쟁을 준비하고, 전쟁을 치르고, 또는 전쟁에서 회복되는 이야기로 그럴듯하게 요약되어왔다. 이 역사를 평화의 종교인 기독교가 바꾸기를 누군가는 기대했을지 모르지만, 기독교의 실제 영향은 아마도 프랑크인의 왕 클로비스에 관해 언급된 이야기에서 가장 잘 예시될 것이다. 그는 기원후 491년에 갈리아를 정복했고 기독교로 개종했다. 어느 날 예수가 십자가에 못 박혀 죽은 일에 관한 설교를 듣다가 그는 분노에 차서 일어나 이렇게 외치지 않을 수 없었다. "내가 나의 프랑크인들과 함께 그곳에 있었다면, 그런 일은 일어나지 않았을 것이다!" 도덕성도 그 반대 못지않게 전쟁으로 이어질 수 있다.

전쟁은 사람들을 죽이고 재산을 파괴하며, 합리주의자는 그 탓을 정념에 돌린다. 그런 경우에 왜 이성적인 종(種)의 역사가 이토록 음울한 이야기가 되는 것일까? 부분적인 설명은 그것이 필요했다는 것이다. 전쟁에서의 패배는 인민으로서의 소멸을 의미할 수 있었기 때문에, 그리고 현재 팽창주의적이거나 그렇게 변할 수 있는 몇몇 국가는 언제나 있었기 때문에, 방어를 위해 전사들이 어느 곳에서나 필요했다. 이 전사들은 명예 윤리를 지녔다. 전투에서의 용맹은 영광스러운 것이었고 헌신은 불후의 영광을 가져다줄 것처럼 보였다. 서로마 제국의 몰락과 근대 세계의 시작 사이의 1000년 동안에 이 귀족적 수호자들은 평화에 대한 열망에 해답이 되기보다 문제가 될 수 있었다. 그들의 불화로 인해 생겨난 죽음과 파괴는 절대군주들이 우세해지면서 그 끝에 이르렀다. 그러자 절대군주들 자신이 문제의 원천이 되었다. 전쟁은 이제 왕들의 소일거리였다. 표어는 다음과 같았다. '대포는 군주들의 논증이다.' 결혼과 외교를 통해, 그러나 다른 무엇보다도 전쟁을 통해 한 국가는 강대국으로 성장했다. 중세로부터 물려받은 작은 영토들의 모자이크는 몇 세기에 걸쳐 이런 수단들에 의해 오늘날 우리가 알고 있는 비교적 단순한 유럽의 정치적 지도로 통합 정리되었다.

전쟁은 클라우제비츠가 책에 적은 바와 같이 다른 수단에 의한 정책, 곧 정치의 연속이다. 통치자는 이익을 얻기 위해 공격하고, 국민적 이익을 지키기 위해 방어한다. 체스에서처럼 한편이 이기거나 다른 한편이 이겨야 하며, 수가 막히는 때조차 그저 불안정한 평형 상태일 뿐이다. 폴란드인들이 자신들의 정부의 무력함 탓에 〔18세기에—옮긴이〕 러시아인, 프러시아인, 오스트리아인에 의해 분할되었을 때 발견했듯이, 그리고 많은 국가들이 1939년 이후 나치 독일의 침략을 받았을 때 발견했듯이, 이 국제적 게임에서 지는 것은 절망적인 일일 수 있다.

정치적 갈등에 대한 최고의 설명은 토머스 홉스가 『리바이어던』에서 제공했다. 홉스는 사람들이 어떤 공통의 우월한 존재를 인정하지 않는 상황을 '자연 상태'라고 불렀다. 그의 명제는 자연 상태가 언제나 전쟁 상태라는 것이다. 이 상태에서 인간의 삶은 "고독하고 빈곤하고 더럽고 야만적이며 짧다". 홉스가 저 유명한 13장에서 적은 것처럼 "그들 모두를 위압할 수 있는 힘이 없는 곳에서 사람들은 누군가와 교제할 때 아무런 기쁨을 누리지 못하고 오히려 커다란 슬픔만 느낀다". 홉스는 이에 대해 세 가지 기본적인 이유를 제시했다. 그중 두 가지를 이미 언급했는데, 그것은 (물 공급이 잘되는 땅처럼) 사람들이 가치를 두는 것의 희소함과, 영광을 바라는 인간의 정념이다. 세번째 이유는 홉스가 '자신 없음(diffidence)'이라고 부른 것 또는 타인에 대한 불신이었다. 타인이 장차 공격할지 모른다는 두려움은 선제적 공격 정책으로 이어질 수 있다. 그것은 무서운 논리를 가지고 있다. 갑은 을이 공격할 것이 두려워서 먼저 공격하기로 결심하지만, 을은 이것을 이미 두려워하여 더 일찍 공격하려고 하고, 다시 그것을 두려워하여 갑은…….

자연 상태에서 죽음을 두려워하며 사는 인간은 법에 따라 자신들을 다스릴 그 어떤 상위의 권력을 공인함으로써 하나의 시민적 연합을 형성해야 한다. 홉스의 생각에 이런 일은 가장 흔하게는 정복을 통해 이루어진다. 인간이 이런 행위의 경로를 취하도록 강제된 것은 그들의 취약성 탓이다. 국가의 상황도 본질적으로 다르지 않다. 다른 점은 개인은 혼자서 자기를 보호할 수 없는 반면에 국가는 홀로 자기를 보호할 수 있다는 것이다. 홉스가 자신의 책에 적은 바와 같이 "어느 시대에나 왕과 최고의 권한을 가진 사람들은 그들의 독립성 때문에 지속적인 경계의 대상이 되며 검투사와 같은 상태에 있다. 왕국의 경계 지역에 요새를 세우고, 수비대를 주둔시키고, 대포를 설치하며, 이웃 나라에 지속적으로 첩자를 보내는데, 곧 전쟁 태세를 갖추는 것이다".

우리는 홉스적 자연 상태의 불안함에서 결코 완전히 벗어날 수 없다. 이것은 개척 시대 미국 서부의 모습을 통해, 또는 도시 안에서도 한밤중에 어두운 거리에 홀로 있을 때 들려오는 발소리에 대해 우리가 가지는 두려움을 통해, 또는 (홉스가 사용한 비유로 말해) 우리가 문을 잠근다는 사실을 통해 예증될 수 있다. 이것이 강력한 설명 모델인 이유는 홉스가 전쟁과 평화에 관한 질문 전체를 뒤집었기 때문이다. 오랫동안 사람들에게 공통적이었던 태도는 전쟁을 마치 설명되어야 할 병리현상처럼 여기면서 한탄하고 그 원인을 찾는 것이었다. 홉스는 전쟁이 사람들 사이의 자연스러운 관계이며, 그러므로 우리가 진짜 물어야 할 것은 〔사람들이 전쟁을 하는 이유가 아니라—옮긴이〕 사람들이 평화의 조건을 확보할 수 있는 방법이라고 주장했다.

넓게 말해서 이 모델은 유럽의 국가들이 일반적으로 서로 어떻게 관계해왔는지를 설명해준다. 물론 특수한 환경이 변화를 일으킬 수는 있다. 예를 들면, 20세기 후반의 많은 시간 동안 지속된 미국과 소련의 우위는 서유럽 국가들 간의 전쟁을 생각할 수 없어 보이게 만들었다. 인간사에서는 어떤 것도 오랫동안 안정적으로 유지되지 않는다. 흥미로운 질문은 어떻게 유럽이 (세계의 다른 많은 지역과 대조적으로) 몇 백 년 동안이나 분리된 국가들로, 더 정확히는 적대적인 국가들로 분열되어 있었으며, 그 가운데 어느 국가도 나머지를 압도하는 데에 오래 성공하지 못했는가이다.

사람들이 오히려 기대할 법한 일은 어떤 정복자가 통신과 병참의 문제로 인해 그 이상의 정복이 무익해질 때까지 권력을 확장하는 것이다. 로마가 그렇게 했고, 다 알다시피 중국이 그렇게 했다. 이것은 인간사에 작동하는 하나의 강력한 논리를 설명해준다.

"돈이 얼마나 많아야 충분한가?"라고 누군가 물었을 때 "그저 조금 더 많이"라고 대답한 백만장자는 인간 삶의 중요한 특징을 파악한 것이다. 왜 권력이 눈덩이처럼 커지는 경향이 있는지, 또는 왜 권력이 권력을 가진 자에게 주어지는지에 관한 긍정적 이유들이 있다. 모든 사람이 권력과 성공에 동참하기를 바라기 때문에 운동은 커진다. 편승 효과라고 알려진 것이다. 어떤 국가들의 국내 정치에서는 일정한 시점이 지나고 나면 동참하지 않은 것이 위태로운 일이 되기 때문에 편승이 작동한다. 이것이 그런 국가에서 민주적 정부를 불가능하게 만든다. 하나의 지배적 정당만 남는 것이 그 자연적 종착점이기 때문이다. 그러나 가장 인상적인 것은 권력의 증대에 대한 부정적 이유들이다. 그 이유들은 모노폴리라고 불리는 익숙한 보드게임에 의해 예증된다. 이 게임에서 가장 성공적인 자본가는 결국 파산한 자신의 경쟁자들을 모조리 사들인다. 이것이 카를 마르크스가 자본주의를 상상한 방식이었다. 이와 비슷하게 어떤 국가도 모든 경쟁국들이 무기력해지거나 피보호국으로 전락할 때까지는 진정으로 안전하지 않다는 것이다. 이 논리는 거부할 수 없어 보이지만 결국 틀렸음이 판명된다. 왜 그럴까?

경제의 경우에 이 논리는 작동하지 않는다. 왜냐하면, 경제는 제로섬 게임이 아니기 때문이다. 기술은 변하고, 대기업은 유연성을 잃고, 새로운 생각들은 그 전의 모든 생각들을 일소한다. 그리고 (마르크스주의와 같이) 인간의 삶을 자기 논리를 가진 하나의 체계로 간주하는 이론은 모두 실패할 수밖에 없다. 포지티브섬 게임(positive-sum game)인 근대 경제에서 모든 사람은 더 부유해진다. 의심할 바 없이 어떤 사람은 다른 사람보다 더 많이 부유해진다. 그러나 모든 사람이 더 깨끗한 물, 더 많은 음식, 더 좋은 헬스 케어 등의 이익을 누린다. 이제 왜 모노폴리 게임의 논리가 서유럽 전체를 다스리는 단일한 제국적 권력을 생성시키는 데에 지금껏 성공하지 못했는지를 살펴보자.

그 이유는 힘의 균형에 놓여 있다. 인간의 자기보존 노력에 관한 우리의 논리는 다음 사실을 설명할 때 실제로 작동한다. 유럽을 잠재적으로 통합할 국가들이 연속해서 등장했지만, 야심적인 패권국을 좌절시키는 일에서는 단결하려는 다른 유럽 국가들의 경향에 의해 그 국가들이 매번 좌절되었다는 사실이다. 16세기에 신세계에서 유입된 황금에 힘입어 강국으로 부상한 합스부르크 가문의 스페인은 대륙을 지배하려고 했지만 발루아 가문의 프랑스에 가로막혔다. 17세기 말 프랑스의 루이 14세는 이웃 국가들, 특히 불굴의 빌럼 3세가 이끄는 네덜란드의 독립을 위협했다. 1700년에 부르봉 가문이 프랑스와 스페인을 모두 통제할 수 있을 것처럼 보였을 때, 전 유럽이 루이 14세에 맞서 단결했고, 그의 군대들은 말보로 공작 존 처칠의 손에 수많은 패배를 겪었다. 18세기 내내 러시아, 프러시아, 오스트리아는 이 게임의 주요 행위자였다. 작은 스웨덴조차 칼 12세의 모험이 그 나라의 자원을 소진하기 전까지 거의 한 세기 동안 세계사적 중요성을 가졌다. 프랑스혁명 후, 세계를 지배하려는 나폴레옹의 시도는 그에 맞선 모든 사람들을 단결시켰다. 20세기의 역사를 지배해온 것은 독일의 힘과 인구가 요구하는 헤게모니를 차단하는 정책이었다. 그러므로 세력은 언제나 균형을 맞췄지만, 그 비용은 막대했다. 이것이 그토록 많은 유럽인들이 이 자기보존 노력 전체를 새로운 음조로 바꾸고 정복 대신 협약으로 통합 유럽을 창조하는 것을 선호하게 된 이유이다.

유럽의 통일은 어쩌면 적어도 한 시대의 동맹이 다음 시대의 적이 되는 상황을 바꿀 수 있었을지 모른다. 시간이 흐름에 따라 동맹과 적이 바뀐다는 사실은 정치가 본질적으로 냉정하고 잔혹한 것임을 보여준다. 우리는 국제 관계를 종종 친구와 적이라는 비유적 용어를 사용해 분석하지만, 그것은 오해를 유발한다. 많은 정치가들이 말했듯이, 강대국에는 친구가 없으며, 그저 이익만 있을 뿐이다. 그리고 이익은 변한다. "피는 빨리 마른다"라는 샤를 드골의 언급처럼 나라들은 실제로 과거의 적들을 신속하게 잊는다. 국제 정치에 우정이 있을 수 있다는 생각은 그저 국민적 이익에 대한 계산을 감추는 감상적 포장일 뿐이다. 그런데 과연 무엇이 국민적 이익일까?

국민적 이익은 무엇이든지 국가가 자기의 안전에 필요하다고 판단하는 것이다. 수에즈 운하의 통제는 영국의 국민적 이익이었다. 다만 영국이 인도를 통치하는 동안 그랬고, 그후에는 아니었다. 국민적 이익은 현실에 의해 제한된다. 폴란드인들은 확실히 독일이나 러시아 같은 강력하고 까다로운 이웃을 가지고 싶어하지 않을 것이다. 그러나 그것은 선택할 수 있는 일이 아니다. 미국은 서반구가 유럽이 개입할 수 있는 범위 바깥에 있다고 선언하는 먼로 독트린(1823)을 공표할 수 있었지만, 그렇게 할 수 있는 미국의 힘이 남쪽의 이웃 국가들을 언제나 기쁘게 하지는 않았다. 토머스 제퍼슨은 1803년 루이지애나를 매입하기 직전 프랑스를 깊이 의심하며 이렇게 말했다. "프랑스가 뉴올리언스를 점령하는 날 (…) 우리는 영국 함대 및 영국 국민과 결합해야 한다." 이웃은 보통 적이지만, 하나의 이웃을 뺀 나머지 이웃들은 동맹이다.

국민적 이익은 해석의 문제이지만, 정권이 바뀐다고 해서 국민적 이익에 대한 한 국가의 생각이 크게 바뀌지는 않는다. 1789년 이후의 혁명적 프랑스와 1917년 이후의 볼셰비키 러시아는 그들의 선행 국가가 펼친 대외정책을 큰 틀에서 지속했다. 다만 더 공격적이었을 뿐이다. 때때로 국민적 이익은 유지해야 할 원리의 지위를 획득한다. 알프스 및 피레네산맥과 라인강이 프랑스의 자연적 경계를 형성한다는 리슐리외 추기경의 교리가 그랬다. 국민적 이익의 판단은 신중함을 요구하며, 미래의 사태 전개에 대한 어느 정도의 관심도 요구한다. 그런 추론의 전형으로서 1920년대 초 영국의 국민적 이익에 관해 성찰하는 윈스턴 처칠을 검토해보자.

승리한 독일이 영국해협의 항구들을 점령하는 것을 우리가 결코 견딜 수 없을 것이라고 사람들은 주장했습니다. (…) 그러나 동일한 저 영국해협의 항구들을 가장 강한 유럽의 군사 강국이 점령했던, 그 강국 프랑스가 우리에 대해 거의 끊임없이 적대적이었던 몇 세기를 우리는 살았습니다. 사람들은 새로운 무기가 상황을 더 위태롭게 만든다고 말합니다. 그러나 그것은 누가 최고의 가장 강력한 무기를 가지느냐에 달려 있습니다. 만약 제해권(制海權)에 더해 우리가 제공권(制空權)을 가진다면 우리는 우리 자신을 지킬 수 있을 것입니다. 나폴레옹 시절에 무한정의 시간 동안 모든 영국해협의 항구와 모든 저지대 국가들이 매우 적대적인 군사 강국의 수중에 있었을 때조차 우리가 우리 자신을 지켰던 것처럼 말입니다. 잉글랜드가 최악의 경우에 스스로 버틸 수 없다는 생각은 결코 이 논쟁에 허용되어서는 안 될 것입니다. 나는 우리의 운명이 프랑스의 운명과 결부되어 있다는 것을 공리(公理)로서 받아들이기를 거부합니다.

정치의 차가운 논리는 국민적 이익을 지키기 위해 사람과 부를 제물로 바칠 것을 요구한다. 이 필요성은 늘 알려져 있었다. 그 필요성이 근대에 폭력, 기만, 약속 파기를 요구할 수도 있는 국가이성의 관념을 만들어냈다. 홉스가 언급했다시피 전쟁에서 힘과 기만은 중요한 덕성이다. 그리고 홉스는 국제 관계를 언제나 잠재적으로 전쟁중인 상태로 여겼다. 19세기에 하나의 통일된 이탈리아를 창조한 사람들 가운데 한 명인 카보우르는 다음과 같이 말했다고 전해진다. "우리가 조국을 위해 행한 것을 우리 자신을 위해 행했다면, 우리는 어떤 불한당이겠는가."

그러나 최근에 국가이성은 대개 실패로 기억되었다. 왜냐하면, 이 실패가 국민 주권의 구속받지 않는 힘에 대항하는 운동으로 성장한, 국제적 도덕을 지지하는 주장을 재강화하기 때문이다. 나폴레옹이 〔자신에 대한 암살 계획을 꾸민다고 여겨진—옮긴이〕 앙갱 공작을 체포하고 총살하기 위해 국경을 가로질러 바덴으로 부대를 보냈을 때, 그것은 유럽 전체에 충격을 준 행위였다. 외무장관 탈레랑은 다음과 같이 언급했다. "그것은 범죄보다 더 나쁜 짓이었다. 그것은 큰 실수였다." 그리고 독일의 총리 베트만홀베크는 제1차세계대전 초기에, 벨기에의 보전을 보증한 (그리고 독일이 당시에 막 위반한) 1839년의 조약이 그저 "종잇조각"에 불과하다고 말한 것으로 인해 폄하된다.

유럽 국가들의 사회를 국제적 도덕 질서로 바꾸려는 움직임은 기독교에 대한 중세적 관념에서 유래하며, 기독교는 다시 로마인들과 자연법 철학에 많은 빚을 졌다. 로마인들이 민족 간의 관계를 포괄하는 만민법(ius gentium)을 가지고 있었다면, 철학자들은 모든 인간에게 적용되는 자연법의 합리적 가르침을 탐구하면서 스토아학파를 따랐다. 기독교라는 공통의 문화 안에서 벌어진 전쟁은 관습과 규약을 만들었고, 그것이 전쟁의 잔인성을 어느 정도는 누그러뜨렸다. 보도자, 사절, 휴전 신호, 전쟁 포로의 처리에 관한 협약, 민간인의 면책, 그리고 더 최근에는 적십자사의 면책이 그것이다. 18세기의 몇몇 합리주의자들은 자의식 강한 세계시민주의자들이었다. 그들은 국가에 대한 충성에서 벗어났고 일부는 세계에 평화를 가져다줄 보편 공화국을 꿈꿨다. 모든 철학자들이 그 꿈을 공유하지는 않았다. 예컨대, 헤겔은 전쟁을 옹호하지는 않았지만 전쟁이 영웅적 덕성의 양성소라고 생각했다.

국제 관계에 대한 연구는 국민적 이익을 자신들의 지도적 원리로 삼는 현실주의자들과 국제 질서의 등장에 초점을 맞추는 이상주의자들 간의 충돌에 의해 갈라져 있다. 이상주의적 주장은 넓은 대중적 호소력을 가진다. 이상주의는 설령 전쟁이 한때 갈등을 해결할 합리적 방법이었을지 몰라도 대량살상 무기의 등장과 함께 이제 더는 그런 방법일 수 없다는 시각을 취한다. 이상주의의 또다른 강력한 주장은 특히 무역에서 나타나는 거스를 수 없는 발전이 나라들을 상호의존적으로 만들어 국민 국가의 주권성이 착각이 되었다는 것이다. 이런 주장을 적용한 한 가지 경우는 지구를 위한 환경 정책이 국제적 행동을 요구한다는 것이다. 확실히 지구화의 과정은 국가들로 이루어진 국제 체계 안에서 모든 인류를 통합했다. 그것은 인간의 권리라는 관념의 전 세계적 유행을 포함하는데, 특별히 여성의 권리는 여전히 전통적 사회에서 유독 파괴적이다. 몇몇 비서구 사회들은 그런 권리들을 부과하려는 시도를 서구의 문화적 제국주의의 한 형태로 간주하며 거부한다. 지구 경제는 확실히 등장하고 있지만, 지배적인 지구 도덕은 확실히 아직 등장하지 않았다.

국제주의의 도덕적 공격은 국민적 이익과 이기심을 동일시하는 것이다. 국제 조약들을 지키고 인간의 권리들을 보장하는 것은 그와 대조적으로 덕스러워 보인다. 그러나 독자는 정치에서 그 무엇도 순수하게 도덕적이지 않다는 것을, 또는 정말로 순수하게 경제적이거나 영적이지 않다는 것을 이미 깨달았을 것이다. 경제적으로 효율적인 것이 영적으로는 파괴적일 수 있고, 보편적으로 도덕적인 것이 특수한 문화에는 치명적일 수 있다. 국제적 덕목을 옹호하는 운동이 특수한 이익으로부터 전적으로 독립적이라고 주장할 수 있을 것 같지만, 사실 그렇지는 않다. 국제적 도덕은 확실히 다른 국민에게보다 어떤 국민에게 더 잘 어울리며, 서구 국가의 〔인권 보호 단체 같은—옮긴이〕 압력 집단들을 의뢰인으로 둔 번창하는 국제 관료조직은 국제적 도덕의 확장을 통해 이익을 얻는다.

현실주의자들은 국민적 이익이 여전히 국제 관계의 지침이며, 실로 지침이어야 한다고 주장한다. 그들은 전쟁의 원인에 관한 일련의 단일인과적 이론들(귀족의 오만, 왕조의 야심, 민족주의, 또는 광신주의)이 모두 사실에 의해 논박되는 것을 보아 왔다. 그들은 평화로운 세계의 새로운 질서를 추구하는 유토피아적 열망이 갈등을 단순하게 절대화하여 다루기 더 힘들게 만들 것을 우려한다. 국민적 이익은 어느 정도 타협이 가능하다. 그러나 권리들은 원칙적으로 타협이 불가능하다. 유엔 같은 국제 조직은 평화를 가져오는 일에서 눈에 띄게 성공적이지는 않았다. 그것은 아마도 세계의 국가들이 그런 일을 하는 데에 필요한 압도적 힘을 유엔에 주려는 그 어떤 움직임에 대해서도 극도로 예민해지기 때문일 것이다. 국제 관계는 모든 정치적 해법이 새로운 정치적 문제를 만들어내는 경향이 있음을 분명하게 보여주는 영역이다.

제 8 장

정치적 경험 1:
정치인

정치를 연구하는 사람들을 우리는 정치과학자(political scientist)라고 부르며, 곧 〔11장에서—옮긴이〕 정치를 하나의 과학(science)으로 간주해야 한다. 그러나 먼저 과학자들이 연구해야 하는 것이 무엇인지, 즉 정치에 참여하는 실제 경험이 무엇인지를 살펴봐야 한다.

이 경험은 때때로 연극에 비교된다. 정치인과 배우는 확실히 서로 연관된 종족에 속한다. 공적인 삶과 관련된 건축물의 많은 부분은 로마 광장이 지닌 고전적 영감을 떠올리게 한다. 특히 워싱턴시의 설계가 그렇다. 19세기 중반 재건축된 런던에 있는 의사당은 "신고딕 양식의 세부장식이 더해진 기본적으로 고전적인 구조"라고 적절히 묘사되어왔다. 크렘린 궁의 건축과 그곳의 공산주의적 장식물들은 전제정의 원격성과 웅장함을 반영한다. 프랑스의 공공 건축은 그 웅대함의 측면에서 제국적이다. 영국 총리가 비교적 평범한 거리에 있는 비교적 평범한 집에서 산다는 것은 영국의 공적인 삶이 신중하게 설계되었음을 어느 정도 보여준다.

이것이 정치의 국립 극장들이다. 그러나 대부분의 정치 드라마는 텔레비전 시대에도 여전히 지역의 정당 사무실에서 벌어지고 정치인이 유권자들에게 열변을 토하는 먼지 많은 강당과 바람 부는 길모퉁이에서 벌어진다. 정치에는 고유의 병참술이 있다. 정치는 대리인, 사무실, 인쇄업자와의 접촉, 후원자 집단, 돈, 그리고 일반적으로 이 모든 것의 조건인 기성 정당을 필요로 한다. 부유하고 유명한 사람은 때때로 처음부터 정당을 하나 만들려는 경향을 보인다. 그러나 그것은 어려운 선택사항이다. 야심 있는 정치인이 택하는 전형적인 경로는 주변에서 시작해 중심으로 가는 것이다. 그 길의 각 단계는 뱀과 사다리 게임을 닮았다.

정치인에게 우선 필요한 지식은 정치에 관심 있는 시민이 가진 것과 똑같은 종류의 지식이다. 그것을 다만 조금 더 많이 가질 필요가 있을 뿐이다. 어느 미국 정치인이 헌법, 권리장전, 연방 고등법원의 많은 결정에 대한 자세한 지식 없이 한 단계 더 올라설 수 있겠는가? 역사에 대한 지식은 어떤 범위의 기억, 참고자료, 비유 들을 제공하므로 필수 불가결하다. 역사에 대한 지식이 없으면 정치적인 이야기가 이해될 수 없다. 독립전쟁에서 시작해 남북전쟁을 지나 미국의 지나간 노래와 슬로건에 이르는 역사에서 정치인들은 인용구를 뽑아낼 수 있어야 한다. 그런 인용구 가운데 많은 것은 그가 대표하고자 하는 사람들의 문화를 구성하는 매우 지역적인 것이어야 한다. 그는 상원과 하원이 구체적으로 어떻게 작동하는지를 알아야 한다. 당연히 그 의회들과 주(州)들이 어떻게 관계를 맺는지를 알아야 한다. 이런 지식의 상당 부분은 낮은 수준의, 조금은 지루한, 설명적인 내용이지만, 그런 지식이 없으면 정치인의 정치 이해는 가십 수준을 넘어서지 못하게 된다.

정치의 전통은 매우 다양하다. 처음에 정치를 전제와 대조함으로써 우리는 한 사회를 배열하는 가능한 방식들을 나누는 거대한 간격이 있다는 것을 이미 암시했다. 인간이 무엇인지, 그리고 무엇이 남자들에게 마땅하며, 특히 여성에게 마땅한지에 관한 생각 자체가 많은 나라에서는 이 책의 평균적인 독자들이 믿는 바에서 많이 떨어져 있을 것이다. 전통은 한 세대에서 다른 한 세대로 '전수되는' 어떤 것이고, (아마도 '정치 문화'라고 재서술되는) 전통은 어느 정치 체계에서나 이해의 핵심 대상이 되어야 한다. 전통은 많은 가닥들로 구성되어 있다. 사람들이 국가에 관해 말하는 것은 정치 현실에 대한 느낌을 거의 줄 수 없을 것이다. 예를 들면, 수세관(收稅官)에 의해 수탈당하는 일에 오랫동안 익숙해 있는 주민은 인구조사나 정부문서, 그리고 지도자들의 수사(修辭)에 대해 유럽의 자유로운 민주정에서 발견되곤 하는 태도와 사뭇 다른 태도를 보인다. 어떤 전통에서는 사람들이 변화에 대해 낙관적이지만, 다른 전통에서는 냉소적이고 숙명론적이다. 세대를 넘어 사상과 감정을 전달하는 언어 자체가 개념적 구조를 드러내며, 그것이 정치적 가능성에 영향을 끼친다. 예를 들면, 모든 언어가 '정의(justice)'에 해당하는 등가물을 가지고 있지만, 공정성(fairness) 관념처럼 이 넓은 주제에 대한 많은 변주들이 있으며, 이 변주된 것들은 다른 언어들로부터 오직 수입될 수 있을 뿐이다. 영어와 문화적으로 유사한 유럽의 언어들조차 존 롤스의 『정의론』의 부제목, '공정으로서의 정의(Justice as Fairness)'의 진정한 번역을 산출하지 못한다. 또한, '프리덤(freedom)'에 해당하는 한자〔自由—옮긴이〕는 유럽인들이 그 단어와 결합시키는 용기와 독립심보다는 빼질거림과 이기심을 의미한다.

대부분의 정치적 지식은 경험을 일반화한다. 정치인은 과거에서, 그리고 특히 본보기가 되는 영웅과 악당에게서 많은 것을 배우지 않을 수 없다. 마키아벨리는 고대 로마의 위대한 업적에 세심한 주의를 기울일 것을 권했다. 그러나 근대 역사가 시사적 사례의 측면에서 조금도 부족하지 않으며, 우리 자신의 정치적 전통에 관해서는 확실히 훨씬 더 많은 것을 알려준다. 영국의 정치인은, 예컨대, 대헌장, 의회당과 기사당, 휘그와 토리, 19세기의 개혁 법안, 멜번, 필, 디즈레일리, 글래드스턴, 처칠, 애틀리, 윌슨 같은 총리들의 대조적인 정치 스타일에 관해 알아야 한다. 20세기의 사건들도 당연히 알아야 한다. 이 가운데 많은 일은 전설일 것이고, 어떤 사람들에게 영웅적인 일이 다른 사람들에게는 통탄할 만한 일일 것이다. 노동당 정치인은 램지 맥도널드가 1931년에 〔보수당과 함께 거국내각인—옮긴이〕 국민정부를 형성한 것을 당에 대한 반역 행위로 여길 수 있다. 보수당 정치인은 그 사건을 사뭇 다르게 취급할 것이고, 확실히 그것을 덜 중요하게 볼 것이다. 정치인들은 과거의 획기적인 사건들과 현재의 가능성들에 관해 끝없이 이야기함으로써 현실 세계를 위해 훈련하며, 그들 자신의 특수한 언어로 그렇게 한다. 그러므로 '유화(appeasement, 宥和)'는 이제 정치에서 누군가의 불만에 반응하는 한 가지 방식의 이름이 아니라, 1930년대의 대외 정책에 관한 논쟁을 가리킨다. 제2차세계대전 후 몇 십 년 동안 유화는 부끄럽고 비겁한 사건을 의미했다. 그다음에 수정이 이루어졌다. 유화정책에 대한 위대한 비판자 처칠의 명성에 대한 공격이 이루어졌고, 1940년에 히틀러에 대항해 영국이 홀로 맞선 것이 그저 미국과 소련이라는 떠오르는 제국들의 손에 영국을 내주었을 뿐이라는 주장이 제기되었다. 사건의 의미가 오랫동안 유지되는 일은 매우 드물다. 역설은 미래와 거의 마찬가지로 과거가 불투명하다는 것이다.

프랑스 같은 나라에서 포부가 큰 정치인에게 과거는 보통 앵글로색슨 나라들에서보다 더 무겁게 다가온다. 프랑스혁명은 프랑스를 주로 종교와 세속의 구분선을 따라 깊게 나누었고, 나치 점령은 그 세기의 나머지 시간 동안의 정치적 신의를 결정한 기억들을 남겼다. 아일랜드의 정치도 유사하게 기억에 사로잡혀 있다. 미국의 경우, 비록 내전의 유산이 씁쓸했지만, 일반적으로는 좀더 운이 좋았다.

정치는 이야기이기 때문에 정치적 기술은 재치를 요구하고 정치인들은 그들이 한 말로써 기억된다. 윈스턴 처칠은 제2차 세계대전 동안 '사자의 포효'를 표현한 연설들과 일련의 재담들로써 기억된다. 그 재담 가운데 어떤 것은 〔당시 야당인 노동당의 당수—옮긴이〕 애틀리를 "양의 탈을 쓴 양"이라고 묘사한 것처럼 악의적이다. 링컨의 정치적 성공은 그의 지혜에서 왔지만, 그의 눈부신 수사적 능력 없는 정치적 기술을 상상하기란 어렵다. 물론 이 사람들은 모두 희미해진 시대에 속한다. 그때는 시민들이 길고 복잡한 정치적 연설들을 전문가처럼 경청했다. 글래드스턴은 한때 하원에 자신의 예산안을 설명하느라, 사람들 말로는 날달걀과 셰리주로 무장하고서, 네 시간을 썼다. 이 문화는 라디오와 텔레비전이 가진 평범화하는 효과에 의해 파괴되어왔다. 라디오와 텔레비전이 정신을 산만하게 만드는 것을 매우 풍부하게 제공하기 때문에 정치는 훨씬 더 작은 클립영상 정도의 간격에 맞춰져야 한다. 클립영상은 슬로건과 배너로 이루어진 단순화한 세계에 속한다. 그러나 이것이 문장을 만드는 사람에 대한 정치인의 수요를 감소시키지는 않는다.

근대 민주정에서 정치인은 어느 정도 넓게 퍼져 있는 여론의 대변인이다. 그리고 정치인이 되고 싶어하는 것은 어떤 공직의 보유자이다. **대변인직**과 **공직**은 양극적인 것인데, 정치에 뛰어드는 사람은 그 안에서 살아야 한다. 각각은 정치에 관해 많은 것을 알려준다.

대변인직은 대표하는 것이다. 근대의 정부는 시민들 자신보다는 대표자들에 의해 운영되어야 한다. 왜냐하면, 종종 몇 백 쪽이나 되는 법률을 만드는 작업은 비상한 기술과 주의가 없으면 잘할 수 없는 너무 복잡한 일이기 때문이다. 그러나 정치인의 대표 기능은 정책이 등장하기 훨씬 전에 시작된다. 그것은 많은 사람들에게 호소력 있는 입장을 구성하는 것이다. 왜냐하면, 그런 입장이 상충하는 욕구들을 조화시킬 수 있기 때문이다. 정치인을 피상적으로 비판하는 사람은 이 일을 위해 확실히 종종 필요한 불분명함과 우유부단함은 볼 수 있지만, 쟁점의 어떤 본질을 발견함으로써 상이한 의견들을 통합할 수 있는 재주를 평가하는 데에는 일반적으로 실패한다. 솜씨 좋은 정치인은 어떤 대상을 때때로 같은 강당 안에 있는 다른 사람들에게는 보이지 않게 하면서 관중 한 명의 정신 앞에 놓을 수 있다는 점에서 마술사를 닮았다. 생각이 단순한 합리주의자들은 때때로 정치인들의 이런 특성을 유권자의 지지를 얻으려는 이중성에 지나지 않는 것으로 낙인찍는다. 언론인들은 정치인들의 연설을 '해독(解讀)'하고 그 말 뒤에 있다고 가정하는 '메시지'를 드러내는 일에 몰두해왔다. 더 잘 이해했을 때, 이 기술은 매우 상이한 판단과 선호를 가진 사람들을 한 사회 안에서 함께 살 수 있게 하는 기지(機智)이다. 그런 일이 실패한 곳에서, 예를 들면, 프랑스어를 쓰는 주민과 영어를 쓰는 주민의 의견을 조정할 하나의 '캐나다'를 기획할 때 캐나다의 정치인들이 겪었던 어려움에서 드러나듯이, 사회는 해산 직전에 이르게 된다. 미국 정치인들은 할 수 있는 한 오랫동안 노예제를 둘러싼 분열을 교묘하게 처리했다. 진정한 대안이 내전이라는 것을 알았기 때문이다. 그리고 그들은 옳았다.

정치인은 그의 대표 기능에 의해 제약되지만, 더 나아가 그의 **공직**이 부과하는 책임에 의해 제한된다. 권력의 노골적인 잔혹함은 대체로 권위의 온화함으로 전환되었다. 이 두 현상을 구별하는 것이 중요하다. 권력 바깥에 있는 사람들은 국가에서 중요한 자리를 맡고 있는 사람들이 가진 권력에 의해 종종 인상을 받지만, 권력은 일종의 통속극으로서 매력적이긴 해도 대부분 과장되어 있다. 총리나 대통령의 공직은 헌법상 제한되어 있어서 그들이 세상을 개선할 능력을 사용하려면 그들이 하고 싶어하지 않는 온갖 양보를 해야 한다는 것을 이 상주의자들은 곧 발견한다. 해리 트루먼이 언급했다시피 "대통령이 가진 가장 큰 권력은 스스로 설득될 필요 없이 사람들이 해야 할 일을 하도록 설득하는 힘이다". 공직이 가진 권력은 옳은 일이 이루어지도록 하기 위해 통치자가 자기의 권위를 이용할 수 있는 기술일 뿐이다. 그렇지 않다면, 사람들이 '권력'에 대해 이야기할 때 그것이 의미하는 바는 그저 공직 보유자가 자기 의지를 순전히 사적으로 행사해 얻을 수 있는 기쁨일 것이다. 그것은 기본적으로 하찮은 것이다. 무엇보다도 가장 하찮은 것은 공적인 장소에서 지속적으로 관심의 대상이 되는 데에서 얻는 기쁨과 정치인을 둘러싸고 있는 야심 많은 사람들을 기쁘게 할, 그러나 또한 좌절시킬 능력이다. 이 능력은 의심할 바 없이 부정한 목적을 위해 사용될 수 있다. 케네디 대통령은 악명 높게도 대통령으로서 자신이 가진 명성을 많은 여자들을 잠자리로 꾀는 데에 사용했다. 물론 그는 또 잘생기고 부유했기 때문에 그 일을 하는 데에 대통령의 명성이 거의 필요하지는 않았지만 말이다. 어쩌면 그 여자들 가운데 일부는 헝가리 작가 아서 쾨슬러가 이야기한 정치적 소녀팬 부류처럼 "역사와 하룻밤 자고 싶어한" 것일지도 모른다. 그런 권력은 권력 보유자가 소유한 어떤 물건이 아니라, 권력 보유자와 권력이 행사된다고 가정되는 사람 간의 정신적 관계이다. 그런 권력이 부패의 한 형태인 곳에서 그것은 당사자 양측의 부패를 필연적으로 수반한다.

설득이 정치의 핵심이라는 사실은 한 가지 중요한 함의를 가진다. 그것은 정치인이 어떤 정책을 결정할 때의 이유가 그가 그 정책을 공개적으로 옹호할 때의 이유와 범주적으로 구분된다는 것이다. 이유의 두 집합은 서로 겹칠 수도 있고 겹치지 않을 수도 있다. 그러나 어떤 경우에도 정치가 냉소적 직업이라고 결론 내릴 필요는 없다. 그 이유는 우리가 정치적 행위의 **차원들**이라고 부를 수 있는 것에 놓여 있다. 첫번째 차원은 문제가 되는 행위의 실효성과 관련된다. 그 행위가 그것과 관련해 기대되는 바람직한 효과를 가질 것인가? 그 비용은 무엇이고, 있을 수 있는 장기적 영향은 무엇인가? 예를 들면, 정부가 모든 사람에게 노후 연금을 보장하면 확실히 곤궁은 줄겠지만, 그것은 또한 경제적 결과를 가져올 것이다. 왜냐하면, 검약과 저축의 유인이 줄어들 것이고, 그것이 경제에 영향을 줄 것이기 때문이다. 진정한 시험은 장기적인 것이다. 19세기의 영국 언론인 월터 배젓이 말했듯이 우리는 어떤 개혁의 결과를 그 개혁을 통과시킨 세대가 무대를 떠날 때까지 판단할 수 없다.

두번째 차원은 특별히 이런 유형의 정책을 추진한 결과가 무엇인가이다. 그것은 틀림없이 동일한 유형의 정책을 추가로 시행하자고 주장할 때 사용되는 선례가 될 것이다. 그 정책이 실패하더라도 그 정책을 포기하기보다 오히려 더 추구해야 한다는 요구가 있을 수 있다. 예를 들어, 어떤 경제 활동에 대한 중앙의 통제가 이상 증상들을 초래할 때 제기되는 전형적인 요구는 그 이상 증상들을 다루기 위해 중앙의 통제가 계속 실시되어야 한다는 것이다. 또다른 차원은 이 정책이 정책 추진자의 단기적 · 장기적 전망에 대해 어떤 효과를 가질 것인가이다. 여기에서 추진자는 그 정책을 법제화하는 개인과 정당 모두이다. 예를 들면, 1945년 이후 영국에서 실현된 복지국가는 이익을 유권자 집단에 폭넓게 퍼뜨렸다. 그러므로 그 단기적 효과는 그 정책을 실행한 노동당에 대한 지지를 증대시키기 위한 것이었을 수 있다. 결과적으로 그 일은 이루어지지 않았다. 노동당은 1951년 선거에서 패했다. 더욱 심각하게도 그 시기의 몇몇 복지 법안들은 노동 계급을 '고급화(gentrify)'하여 그들을 노동당으로부터 떼어놓았다고 생각되었다. 정치인들이 때때로 말하듯이 성공만큼 실패하는 것도 없다.

냉소주의의 전형적 형태는 '공익'이나 '공동선' 같은 개념을 둘러싸고 나타난다. 정부의 거의 모든 행위가 상이한 집합의 사람들에게 좋은 영향과 나쁜 영향을 모두 끼칠 것이라고 지적함으로써 그런 용어들의 평판을 나쁘게 하기는 쉽다. 그러나 공익이 개인적 비용과 이익에 따라 판단될 수 있다고 생각하는 것은 공익의 의미를 잘못 알고 있는 것이다. 이런 종류의 이념들은 정치적으로 무엇인가를 주장할 때 사용하는 공식적 용어이며, 그것의 특수한 의미는 오직 공적 토론 자체를 통해서만 분명해질 수 있다. 그 용어들은 무엇을 정치적으로 옹호하건 간에 필수적인 형식적 조건이다. 정치인이 이렇게 말한다면 우스꽝스러울 것이다. "저는 이 일을 하고 싶습니다. 그것이 저에게 이롭기 때문입니다." 이런 말은 다른 사람이 왜 그 일을 해야 하는지에 대해 아무런 이유도 제공할 수 없을 것이다. 의심할 바 없이 어떤 정치인이 옹호하는 모든 것이 그 상황에서 그에게 최선의 것이라는 막연한 느낌은 있지만, 이것이 그가 개인적 이익 외에 어느 것에도 힘을 쓰지 않는 위선자임을 의미하지는 않는다. 정치에는 자기 잇속을 차리는 수많은 행위가 있다. 그렇더라도 정치인들이 우리들 나머지보다 일반적으로 공적 정신이 적기보다는 많다고, 물론 아주 많지는 않아도 어느 정도는 많다고 생각하는 것이 온당하다.

이 가운데 그 무엇도 정치의 많은 부분이 저열하다는 것을 부정하지는 않는다. 어느 정도의 교활함은 필수적이다. 예를 들어, 한 위원회에서 찬성과 반대의 표수가 같으면 안건이 부결된다는 것을 아는 것은 교활한 정치인에게 통과가 불확실한 안건을 부정적 용어로 구성할지 긍정적 용어로 구성할지를 일러준다. 왜냐하면, 그가 만약 정책에 반대해서 안건을 긍정적인 용어로 구성하면, 투표가 비겼을 때 안건이 부결되고 그는 원하는 것을 얻기 때문이다. 1994년 영국의 유럽의회 선거에서 한 후보자는 자신을 〔'Liberal Democrat(자유민주당)'이 아닌〕 'Literal Democrat' 후보라고 부름으로써 순진한 유권자들에게서 수천 표를 받았다. 알파벳 순서에서 앞서는 글자로 시작하는 이름을 가지는 것은 일부 어수룩한 시민들이 투표용지를 위부터 아래로 단순하게 채우기 때문에 후보자에게 사소하지만 무시할 수 없는 이점을 가져다준다. '케네디'라고 불리는 사람이면 누구나 미국의 많은 주에서 표를 추가로 더 모을 수 있다. 정치인들의 주된 직무유기는 지극히 널리 퍼져 있는 인간적 악덕에서 비롯한다. 틀렸다고 느끼면서도 유행하는 의견에 도전하지 못하는 비겁함, 어리석게 여겨지는 것에 대한 두려움, 덕이 있어 보이는 태도를 취하려는 욕망, 자신이 무대를 떠난 후에 언젠가 저주가 닭들처럼 둥지로 돌아온다는 것을 알 때 편안한 선택을 선호하는 일 등이 그것이다.

자유로운 민주정에서 정치인들은 정당의 구분을 가로질러

하나의 문화를 공유하는 일종의 클럽을 형성한다. 예를 들면, 우정은 정당 안에서보다 정당을 **가로질러** 종종 더 따뜻하다. 이 공유된 문화 안에서는 특정 생각들이 언제나 지배적이고, 이 생각들 가운데 어떤 것은 일반 국민의 (이 문화에서는 편견이라고 알려진) 의견과 상충할 수도 있다. 최근에 논의되는 사형, 다문화주의, 국제적 이상주의는 이런 종류에 속하는 생각들의 예이다. 정치인들은 때때로 그 생각들을 원칙이라고 불리는 그와는 사뭇 다른 것과 혼동한다. 이 사실이 가지는 중요성은 어떤 측면에서 정치인들이 하나의 계급으로서 과두정(oligarchy)을 구성한다는 것이다. 정치인의 성향이 그들이 다스리는 주민들의 성향과 불화하게 되는 것이다. 이런 과두적 경향은 선거 시스템이 유권자에게 정당 명부를 지지하도록 요구하는 나라에서 훨씬 더 많이 나타난다. 정치인들이 하고 싶어하는 것과 국민이 원하는 것 사이의 간격이 벌어질 때, 정치인들의 일반적 인기는 떨어지고, 그들은 국민을 대표하기보다 현혹하기 위해 노력한다고 인식된다. 정치의 익숙한 모호함은 명백한 궤변이 된다. 물론 이것은 선동가들을 위한 기회가 늘어나는 위험한 상황이다.

어떻게 나의 정책이 청중의 마음을 사로잡을 수 있을까? 이런 질문에 직면하는 정치인은 자기를 성찰하기보다 그의 청중을 더 많이 생각할 것이다. 저 청중은 때로는 동료일 것이고, 때로는 자기가 속한 정당일 것이고, 때로는 전체 유권자일 것이다. 우리는 그가 청중의 지혜를 확신하고 있다고 가정할 수도 있지만, 그에게 결정적으로 보이는 이유들이 다른 사람들에게는 결정적이지 않을 수 있다. 설득의 관건은 청중에게 결정적일 이유들을 발견하는 것이다. 이때 정치인은 그 무엇이건 간에 자신이 청중과 공유하고 있는 공통의 기반에서 출발해야 한다. 설득할 때 첫번째로 해야 할 일은 설득하는 사람이 그의 청중과 넓은 의미에서 같은 목적을 가진 동료라는 것을 청중에게 확신시키는 것이다. 오직 그때에만 그는 자기의 정책을 그 목적에 부합하는 것으로서 권할 수 있다.

설득에 대한 이런 설명이 암시하는 바는 정치인이 특별한 유형의 사람, 즉 자기 자신에 대해 아주 깊은 확신을 유지할 수 있는 사람이어야 한다는 것이다. 우리들 나머지는 마음 내키는 대로 마구 지껄일 수 있고, 우리가 모르는 사안에 관해 의견을 고집하면서 근대 세계가 발명한 〔표현의 자유라는—옮긴이〕 저 엄청난 새로운 쾌락에 탐닉할 수 있다. 정치인은 일반적으로 그의 의견이 자기의 미래에 끼칠 영향을 고려해야 하고, 그러므로 특별한 종류의 인격 구조를 필요로 한다. 그러나 이로부터 단순히 정치인이 위선자라는 결론을 도출해서는 안 된다. 정치인은 언제나 앞날의 전개를 주시하고 있어야 하는 고위험(high-risk) 직업에 종사하는 것이다. 기회주의는 확실히 재능의 일부이지만, 정치인이 진짜 확신을 가지고 있지 않다면, 도덕적 확신도 사태의 전개에 대한 확신도 모두 가지고 있지 않다면, 커다란 성공을 위해 보통 필수적인 깨끗한 프로필을 갖추지 못할 것이다. 정치인(politician)의 최고 단계인 정치가(statesmen)는 온갖 기회를 이익으로 바꾸는 능력과 내적 확신을 조화시킬 수 있는 사람이다. 샤를 드골은 1940년 런던에서 〔라디오를 통해 프랑스 내부에 있는 국민들에게—옮긴이〕 독일에 저항할 것을 호소했고, 1946년 프랑스 정치에서 물러났다. 드골은 자신에게 오명을 안겨줄 수도 있고 자신을 하찮은 사람으로 만들 수도 있는 이 두 경우에서 모두 위험을 감수했다. 1930년대에 독일에 대한 유화정책에 반대한 처칠의 입장은 적당히 성공적이었던 그의 경력에 종지부를 찍는 일이 되었을지도 모른다. 1964년에 대통령 자리에 도전하면서 참패의 위험을 감수하고 보수 혁명을 시도한 배리 골드워터는 결국 1980년 레이건의 승리를 위한 기름진 땅을 예비했음이 증명되었다. 정치의 비밀은 성공을 염려하는 것이지만, 너무 많이 염려하지는 않는 것이다.

제 9 장

정치적 경험 2: 정당과 교리

자유로운 민주 정치에 참여한다는 것은 어느 정당에 가입하거나 그 정당을 지지한다는 것을 의미한다. 그것은 어떤 중요한 정치적 쟁점에 관해 편을 드는 것을 의미한다. 〔영국의 극작가—옮긴이〕 윌리엄 길버트가 〔1882년 초연된 라이트 오페라—옮긴이〕 『아이올란테』에서 다음과 같이 썼을 때 그는 틀림없이 그 사실을 이해했다.

나는 그게 웃긴다고 종종 생각해
활기차게 세상에 태어난
모든 남자아이와 여자아이를
조금 자유당 성향으로

아니면 조금 보수당 성향으로
자연이 늘 만들어내는 방식이!

물론 길버트는 19세기 영국에 관해 이야기하고 있었다. 다른 나라에서 그 이름과 강조점은 다를 것이다. 미국의 민주당과 공화당은 아마도 영국의 자유당과 보수당처럼 구별되는 성격을 가지지 않을 것이다. 그리고 20세기의 영국은 노동당에 대한 관심을 요구할 것이다. 더 나아가, 우리는 정당의 실제 이름이 기회주의적이라는 것을 기억해야 한다. 정당의 이름은 그저 이름일 뿐, 교리에 대한 묘사가 아니다. 공화당은 민주당보다 덜 민주적이지 않고, 민주당도 똑같이 공화적이다. 그러나 근대 정치에서 리버럴한 성향과 보수적인 성향이 기본이고, 모든 것이 이 두 가지로 환원되는 경향이 있다고 생각한 점에서 길버트는 옳았다.

확실히 하나로 환원되지는 않는다. 정치학자들이 오랫동안 '1당 국가'라는 용어법을 받아들였지만, 그것은 오직 정치학자들이 혼동했기 때문이다. '당(party)'이라는 말 자체가 같은 종류의 다른 당이 있어야 함을 함축한다. 정치의 본질은 논쟁이며, 더불어 논쟁할 어떤 존재가 반드시 있어야 한다. 20세기의 집권 공산당들처럼 권력을 독점하고 오직 자기에게만 이야기하는 당은 전체주의적일 수 있을 뿐이다. 그것은 전제적이라고 일컬어질 수 있고, 그러므로 정치와 완전히 다르다. 그렇다면, 모든 자유민주 국가에는, 때때로 선거에 뛰어드는 다수의 정치적 분파들은 말할 것도 없고, 정치권력 주변에 있는 몇몇 소수 정당과 더불어, 일반적으로 두 개의 지배적 정당이 있을 것이다. 근대 국가 안에 의견이 나뉘어 있는 현실에 대한 이런 개략적 묘사를 완성하기 위해서는 정당들이 압력집단, 이익집단, 직업조직, 홍보회사, 로비스트, 교회, 그리고 점점 더 편재적인 국가의 결정에 영향을 끼칠 필요를 느끼는 다른 단체의 혼합과 밀접하게 연결되어 있음을 인정할 필요가 있다.

정당들은 선거에서 이기려고 하지만, 이것이 꼭 '국가 권력의 장악'을 의미한다고 할 수는 없다. 실제로 정당이 국가 권력을 장악하는 일은 국가가 **정당들을** 장악하는 만큼 일어난다. 선거 연설에서 인상적으로 들리는 정책은 적어도 취임하는 장관이 그 정책의 숨은 영향을 깨달으면 재난으로의 초대임이 드러날 수 있다. 정부를 경험하는 일은 정치적 논쟁의 떠들썩한 대조를 누그러뜨리는 경향이 있다. 왜냐하면, 정부는 제한된 업무이고 책임을 져야 하는 업무이기 때문이다. 그와 다르게 민주 정치는 팀들이 승리를 위해 싸우는 게임이다. 위험은 감수되어야 하고, 싸움에는 승자와 패자가 있다. 호감의 대상이던 후보자가 전에는 아무도 진지하게 여기지 않던 경쟁자에게 선거 레이스에서 진다. 이 모든 것으로 구성되는 광경이 당파심 강한 사람들을 고무하고 북돋는다. 에드먼드 버크는 정치에서 경쟁이 가져다주는 유익을 다음과 같이 표현했다. "우리와 씨름하는 그가 우리의 신경을 강하게 하고 우리의 기술을 날카롭게 한다. 우리의 적이 우리의 조력자이다." 헌법의 기본 취지는 유권자가 "악당들을 내쫓을" 수 있다는 것이다.

길버트는 정치적 당파성은 타고나는 것이라고 생각했다. 실제로 정치적 성향을 뒷받침하는 어떤 보편적 기질이 있을 수 있다. 미국의 철학자 윌리엄 제임스는 인간이 강한 성격이거나 약한 성격이거나 둘 중 하나임을 시사했고, 몇몇 사람들은 사회주의자들이 동정심 많은 약한 성격이고 오늘날 자유 시장을 지지하는 경향이 있는 보수주의자들이 강한 성격이라고 생각했다. 이는 현대의 정치 지도자들을 정밀하게 조사해보면 금세 무너질 시각이다.

때로는 정당들의 복잡성이 변화의 촉진이나 변화에 대한 저항이라는 추상적 쟁점과 동일시된다. 물론 변화는 판단에 따라 좋을 수도 있고 나쁠 수도 있지만, 보수주의자는 변화 같은 것을 좋아하지 않는 일반적 성향을 가졌고, 자유주의자는 변화를 반긴다는 것이다. 이런 차이에 또한 생물학적 기초가 제공된다. 젊은 사람은 변화를 열망하지만 나이를 먹어가면서 점점 더 보수적으로 변한다는 것이다. 청년 투르크 당원들, 볼

셰비키 당원들, 무솔리니의 파시스트들, 히틀러의 나치들, 그리고 1960년대의 젊은 열성주의자들이 그랬듯이 젊은 사람들이 사회 변화의 이념에 자신들의 무한한 열성을 기꺼이 쏟아붓는 것을 보면 그들이 정치에서 의미심장하게 다르다는 것은 확실히 참이다. 젊은 사람들의 정치 참여를 장려하는 이유는, 표면상으로는, 이런 것이 아니다!

대안적으로 정당들은 이익과 동일시될 수 있다. 그래서 부유한 사람들은 보수적이고, 가난한 사람들은 자유주의자이거나 사회주의자라는 것이다. 정치에 대한 이런 고전적 이해의 근대적 형태는 근대 국가가 부르주아 계급과 프롤레타리아 계급 간의 숨겨진 전쟁의 무대라는 마르크스주의적 생각에서 비롯된다. 이 생각에는 두 가지 중요한 결점이 있다. 첫째로, 전쟁에서 한편은 다른 한편의 완전한 패배를 추구하지만, 그와 다르게 스포츠의 형태를 띠는 정치적 논쟁은 각각의 편이 다른 편을 **필요로 하는** 유형의 경쟁이다. 당신이 경쟁하는 팀 없이 축구를 할 수 없듯이 당신은 경쟁하는 정당 없이 정치에 참여할 수 없다. 그러므로 계급 전쟁이라는 생각은 정치에 종말을 권하는 숨은 방식이고, 정치를 하나의 참된 공동체를 가져다줄 지도자로 대체하는 것이다. 정당이 그저 이익을 반영할 뿐이라는 생각이 가진 두번째 결점은 상당히 많은 수의 노동자가 보수당에 투표하고 그 반면에 많은 부유한 사람들과 중산층에 속한 사람들이 평등의 이름으로 부를 재분배하는 것을 포함한 급진적 강령을 지지한다는 사실이다. 정당이 이익을 반영한다는 생각을 가지고 출발하는 정치학자들은 〔미국의—옮긴이〕 블루칼라 공화당원이나 〔영국의—옮긴이〕 토리당원 노동자 같은 현상에 당혹하여 자기 머리를 긁으며 많은 시간을 성과 없이 보내왔다. 현실은 정치가 설득에 관한 것이고 투표자에 관한 어떤 냉정한 사실도 그들이 어떻게 생각하고 행동할 것인지를 우리에게 신뢰할 만하게 말해주지 않는다는 것이다.

이 모든 생각들은 복잡하고 변화하는 정치 무대의 여러 측면들을 조명하는 데에 도움을 주며, 정당을 이해하려고 할 때 범하는 가장 그럴듯한 오류를 줄여준다. 그 오류란 정당을, 때때로 이데올로기라고 불리는, 교리와 동일시하는 것이다. 원칙과 강령은 정치에서 중요하지만, 둘 다 상황에 따라 으뜸 패로 내놓는 것이다. 문제는 상황이 무한하게 다양해서 정치를 연구하는 사람은 최소한 어느 정도 지적 정합성을 가진 교리에 주목할 수밖에 없다는 것이다. 많은 경우에 교리는 정책이 전개되는 방식과 관련해 우리가 가진 거의 유일한 지침이다. 어떤 경우에도 교리는 고유의 지적 매력을 가지는데, 그것이 교리를 연구할 가치가 있게 만든다. 물론 권력을 실제로 행사할 때는 교리가 제한적인 역할밖에 하지 못한다는 것을 언제나 분명히 알고 있어야 하겠지만 말이다.

독자들은 이 책에서 지금까지 자유주의와 보수주의는 인정했지만, 근대 정치에서 좌익 정당들의 공식 교리인 사회주의에 대해서는 어떤 점에서 그저 스치듯이 언급했음을 알아챘을 것이다. 매우 정교하게 탐색해야만 이 영역을 이해할 수 있을 것이고, 논증의 일부는 우리가 나중에 이데올로기를 다룰 때까지 불완전하겠지만, 널리 모방된 영국의 경험에 근거해 이 문제를 서사적으로 한번 다뤄보자.

당파나 파벌로 나뉘는 것은 정치에서 언제나 발견되는 일이고, 17세기 중반에 〔찰스 1세를 지지하는—옮긴이〕 기사당이 의회당과 싸웠지만, 잉글랜드에서 첫번째로 인정할 수 있는 정당은 휘그와 토리이다. 이들은 가톨릭 신자인 〔찰스 1세의 둘째 아들—옮긴이〕 요크공 제임스를 왕위에서 배제하려는 법안을 둘러싸고 1679년에 서로 상대를 적으로 여겼다. 토리는 질서와 복종을 믿는 경향이 있었고, 귀족 파벌인 휘그는 의회라는 제도를 통해 표출되는 제한된 유권자 집단의 동의에 정치의 근거를 두었다. 다음 세기까지 이어진 잉글랜드 정치의 성공은 그렇지만 여전히 왕의 호의에 주로 의존했다. 한참 지나서야 정당은 존경할 만한 것이 되었고 야당이라는 제도가 헌법의 필수 불가결한 부분이 되었다.

휘그의 철학자는 존 로크였다. 통치가 피치자의 동의에 의존해야 하며 사람이 생명, 자유, 재산에 대한 자연적 권리를 가진다는 그의 교리들은 자유주의의 한 가지 버전의 기초이다. 그 교리들은 "생명, 자유, 행복 추구"에 대한 불가침의 권리를 이야기하는, 1776년에 선포된 미국 독립선언문에 훌륭하게 반영되었다. 물려받은 전통적 방식에 도전하고 정치와 사회를 모두 개혁하려는 성향에 호소하는 교리가 이 선언문에 있었다. 이성의 시험을 통과할 수 없는 그 어떤 구속으로부터도 자유로워야 한다는 주장은 근대적 세계를 건설한 주장처럼 그럴듯하게 보일 수 있다. 이런 이유로 '자유주의'라는 용어는 두 가지 의미를 얻었다. 첫째는 근대 정치에서 보수주의나 다른 교리들과 대조되는 특별한 정치적 성향으로서의 의미이고, 둘째는 근대 유럽의 **모든** 정치가 속하는 원형적 태도로서의 의미이다.

자유주의라는 실제 이름은 1830년대에야 비로소 통용되기 시작했다. 1830년대는 정치적 명명의 시기였는데, 그때 사회주의와 보수주의도 현재의 이름을 얻었다. 그러나 이미 그 시기에 영국의 정치는 근대 정치를 규정하는 사건에 반응하여 두 갈래로 갈라졌다. 그런 분열을 유발한 거대한 질문은 1789년에 프랑스에서 일어나기 시작한 사건을 어떻게 이해할 것인가였다. 휘그당의 지도자 가운데 한 사람이었던 찰스 제임스 폭스는 잉글랜드가 1688년에 되찾은 〔의회주의의—옮긴이〕

방향을 프랑스인들이 마침내 따르고 있다고 믿었다. 그의 친구 에드먼드 버크는 프랑스의 혁명가들을 하나의 새로운 현상이자 전적으로 나쁜 현상이라고 생각했다. 왜냐하면, 그들이 자신들의 파괴적인 정책을 「인간의 권리 선언」이라는 추상적인 원칙에서 도출했기 때문이다. 그들은 추상적 청사진에 근거한 잔혹한 조치들에 프랑스를 (그리고 곧 유럽을) 복종시키기 위해 전통을 포기하고 있었다. 버크는 그런 조치들이 틀림없이 인간성을 파괴할 것이라고 믿었다. 프랑스혁명에 대한 버크의 반응은 공산주의에 맞서 서구에서 사용된 모든 주장을 예비했다. 유토피아주의의 프랑스 버전과 러시아 버전은 모두 그들의 나라를 피에 담그는 것으로 끝났다. 버크는 첫 번째 머리가 단두대에서 굴러떨어지기 훨씬 전에 프랑스에서 이 같은 일이 벌어질 것을 예언했다.

버크는 정치적 개혁의 교리인 자유주의가 사회 변혁의 교리와 구별되기 어렵다고 진단함으로써 사실상 보수주의를 창시했다. 그는 사회 변혁의 교리가 완벽한 사회를 헛되이 파괴적으로 추구하기 때문에 정치를 함께 파괴할 것이라고 생각했다. 그가 쓴 책 『프랑스혁명에 대한 성찰』(1790)에 보수주의의 기본 주장이 탁월하게 전개되어 있다. 정치에 대한 이해를 전제에 대한 혼동과 더욱 뒤얽히게 만든 것은 좌와 우를 구별하는 유행이었다. 프랑스 혁명의회에서 파벌들이 앉은 자리에 근거한 비유로서 생겨난 좌와 우는 혁명과 반동을 뜻하게 되었다. 버크와 그 밖의 정치 해설가들은 이 두 개념을 똑같이 비정치적인 것으로 여겼을 것이다. 버크에 따르면 정치는 혁명과 반동보다는 보존과 개혁이라는 개념에 근거하며, 사회적 완성이라는 추상적 관념에서가 아니라 현재의 상황에서 출발한다.

그렇다면 사회주의는 무엇인가? 그것은 19세기의 두 가지 현상이 융합한 것에서 비롯한다. 첫째, 사회가 기본적으로 하나의 공장이며, 이 공장의 생산품이 그 공장에서 일한 사람들 사이에서 평등하게 분배되어야 한다는 생각이다. 둘째, 19세기를 지나면서 새로운 산업 노동자 계급이 실제로 선거권을 얻게 된 것이다. 사회주의는 가난한 사람들에 대한 관심에서 자기의 차별성을 발견하며, 부의 재분배와 삶의 조건을 평준화할 복지의 국가 공급 같은 정책들을 법으로 만들려고 한다. 사회주의는 부자들의 사치와 게으름에 적대적이다.

사회주의를 자유주의나 보수주의와 구별해주는 것은 무엇일까? 근대 사회에서 개혁의 교리로서 사회주의는 자유주의의 개혁 지향적 성향과 공통점을 더 많이 가진 것처럼 보일 것이다. 실제로 영국에서 노동당은 자유주의의 비호 아래 일어났고, 스스로 개혁 정당이라고 선언한 자유당을 결국 대체했다. 다른 한편, 1840년대에 공장법을 도입한 사람은 보수당의 섀프츠베리였고, 1951년 이후 노동당의 복지 국가 정책을 지속하고 확장한 것은 보수적인 정부들이었다. 광산업을 경제적으로 효율성 있게 만들려고 한 보수당 정부에 맞서 1985년 영국의 탄광노동자들이 파업에 돌입했을 때, 노동당은 탄광촌을 보존하기 위해 본질적으로 보수적 성격을 지닌 보조금 정책을 지지했었다.

이것은 흔한 상황이다. 정당들은 종종 교리적 일관성에는 상대적으로 적은 관심을 기울이며 정치라는 거대한 게임의 일부로서 서로 상대의 옷을 훔치고 상대의 지지자들을 가로챈다. 자유무역에 찬성하던 리버럴들이 1890년대의 이른바 뉴리버럴리즘의 등장과 함께 보조금과 보호무역의 옹호자가 되었다. 1979년 이후 마거릿 대처의 보수당 정부는 보수주의를 배반하고 고전적 자유주의를 채택했다고 비난받았다. 상황이 정치의 색을 너무 바꾸기 때문에 어떤 상황에서 한 정당에 옳은 정책처럼 보이는 것이 한 세대 후에는 완전히 다르게 보일 수 있다. 근대 정치의 가장 매혹적인 사실 가운데 하나는 성공적인 사회주의 정당이 미국에서 등장하는 데에 실패한 것이다. 물론 민주당이 유럽에서라면 '사회주의적'이라고 불릴 법한 정책을 많이 채택했고, 미국에서 정치적 용어로서 '리버럴'은 유럽에서보다 사회주의에 훨씬 더 가까운 것을 의미한다. 정책을 정당화하는 일은 거의 모두 추상적일 것이므로, 그리고 새로운 상황이 등장하면, 정책의 정당화는 어떤 정당에 그 정당이 정말 원하는 것보다 더 많은 부담을 지울 것이다. 그런 일이 벌어지면 정책이나 교리는 (그리고 때로는 둘 다) 조정되어야 할 것이다.

자유주의자들이 대체로 개혁을 선호하고 보수주의자들이 전통에 충실하다는 공식은 실제 정치에서 우리에게 옳은 방향을 알려주지만 그 이상을 알려주지는 않는다. 어떤 경우에도 사회주의의 문제는 계속 우리에게 남는다. 사회주의는 자유주의나 보수주의보다 정치에서 결코 적지 않게 깊이 자리 잡은 경향일까? 아니면 정치적 삶의 부침을 넘어서는, 정치보다 더 웅대한 어떤 것, 즉 영구적으로 더 나은 사회를 목표로 삼는 운동일까? 우리가 시사하는 기본적인 요점은 사회주의가 완전히 정의로운 사회에 대한 믿음을 가리키거나, 아니면 가능한 대로 평등주의적이고 재분배적인 개혁을 선호하는 경향을 가리킬 수 있다는 것이다. 완전히 정의로운 사회는, 그것이 어떤 것이건 간에, 진지한 정치를 전혀 필요로 하지 않을 것이다. 그 사회는 우리가 이데올로기라고 부를, 그리고 우리가 곧 논의할, 완벽을 추구하는 기획들 가운데 하나일 것이다. 그 기획들에 관해서는 곧 논의할 것이다. 그리고 이것이 사회주의라는 용어가 일반적으로, 특히 사회주의의 신봉자들에게 의미하는 바이다. 그것은 사회주의가 종종 사회민주주의라고 불리는 진짜 정치적 파트너를 취한 이유이다. 여기에서 민주주의의 추가는 정치적 서약을 의미한다. 국가가 그 구성원들의 현재 취향과 욕구에 반응해야 하는 제도라는 것과, 그러므로 최종적으로 완벽한 국가라는 어떤 관념도 정치 자체의 실제 활동과 양립할 수 없다는 것을 인정하는 것이다.

제 10 장

정치적 경험 3: 정의, 자유, 민주주의

대부분 이야기인 정치는 자기를 극화(劇化)해야 한다. 왕은 어떤 의미에서 다른 사람들 사이에 있는 그저 한 명의 인간일 뿐이다. 군주정의 정치적 질서는 왕이 된다는 것이 무엇인지를 우리로 하여금 **극화**할 것을 요구한다. 이것이 왕관, 왕좌, 왕의 홀(笏), 의장대, 왕보(王寶) 등의 상징들이 가진 목적이다. 이것들 가운데 어떤 것은 우리가 사는 평등주의 시대의 총리와 대통령도 사용한다. 정치적 표현은 대부분 비유적이다. 우리는 국가가 정치적 **신체**로 간주되었다는 것을 살펴보았다. 이제 우리는 국가를 선박(船舶)으로 여길 수 있을 것이다. 선박의 비유는 바로 '거번먼트(government)'라는 단어 뒤에 놓여 있다. 이 단어는 배의 키를 뜻하는 중세 라틴어 '구베르나쿨룸

(gubernaculum)'에서 왔다. 정치는 국가라는 배를 운항하는 기술이다. 그렇다면 조타수는 무슨 신호에 따라 키를 조종해야 할까?

뻔한 대답은 조타수가 이상(理想), 즉 우리 모두가 목표로 삼아야 하는 탁월함이라는 저 멀리 떨어져 있는 횃불의 안내를 받아야 한다는 것이다. 이상은 종종 정당들이 자기의 정체성을 규정할 때 이용하는 개념들이기도 하다. 예컨대, 일반적으로 보수주의자들은 전통에 충성하고, 자유주의자들은 자유에, 사회주의자들은 평등에 충성한다. 그러나 이런 이상들을 압도하는 정치의 최고 운항 도구는 '정의'라고 불리는 것이다. 그것은 정치철학의 첫번째 대작인 플라톤의 『국가』에서 다른 모든 덕성들의 자리를 결정하는 규제적 덕성이었다. '저스티스(justice)'라는 현재의 단어는 라틴어 '유스(ius)'에서 왔다. 그것은 법(law)과 권리(right)를 모두 포괄한다. 플라톤은 그의 유명한 대화에서 정의가 각자에게 각자의 것을 주는 것을 의미함을 보이면서 시작했지만, 계속해서 무엇이 사람들에게 마땅한 (또는 빚지고 있는) 것인지를 설명할 수 있을 때까지는 이 공식이 아무것도 의미하지 않음을 증명했다. 무엇이 각 사람에게 마땅한 것인지를 설명하는 일은 다른 무엇보다도 '폴리스'의 전체 구조를 묘사할 것을 요구했다. 플라톤이 생각하는 정의는 국가 안에 있는 자리에 사람들을 맞추는 것이었다. 그는 사람들이 가진 본성이 그들을 그 자리에 맞게 준비시켰다고 생각했다. 그러므로 통치자는 철학자로서 나타났다. 오직 철학자만이 인간 본성에 대한 타당한 이해를 가지고 있기 때문이다. 기본 원칙은 보완성이다. 생산자, 전사, 철인통치자는 각자 그들 자신의 임무에 충실해야 한다.

플라톤의 국가는 때때로 유토피아, 즉 어떤 이상적 상태의 모습인 것처럼 여겨지지만, 이것은 착오이다. 그 한 가지 이유는 욕구들이 상이하고 내가 너의 욕구를 또는 네가 나의 욕구를 훌륭한 것으로 여겨야 할 이유가 전혀 없기 때문이다. 그저 욕구되는(desired) 것에는 아무런 지적 영향력이 없지만, 바람직한(desirable) 것은 욕구 너머의 객관적 수준으로 주장을 이동시킨다. 그러나 더욱 심원하게 정의는 하나의 이상이며, 우리가 사는 복잡한 현실 세계 속에 있는 그 무엇도 실제로 이상일 수는 없다. 배의 운항에 비유해 말하면, 정의는 키를 조종할 때 기준으로 삼는 별이다. 당신이 별에 의지해 키를 조종할 때, 당신은 별에 도달하는 것을 목표로 삼지는 않는다. 이 논점은 때때로 정의가 규범적 개념이라고 말하는 것에 의해서도 입증되는데, 그 말은 우리가 우리의 방위(方位)를 정의로부터 취해야 함을 의미한다. 정의가 특정 정책을 요구한다거나 현재의 어떤 상황이 불의하다고 말하는 것은 행동을 제안하는 것이다. 우리가 정의에 관해 이야기할 때, 우리는 어떤 이상을 묘사하고, 어떤 유토피아를 그리고, 불만을 진술하고, 또는 어떤 정책을 촉진하고 있는 것일지 모른다. 아니, 실제로는 다른 다양한 일들을 하고 있는 것일지도 모른다. 정의나 다른 이상들과 관련해 가장 중요한 것은 그것들이 매우 상이한 방식으로 기능한다는 것이다. 그러므로 어떤 특수한 경우에 무슨 기능이 수행되고 있는지를 묻는 것이 언제나 중요하다.

예를 들면, 투표할 권리가 재산이 있는 사람이나 성인 남성에게만 부여되는 것은 정당한가? 한 민족이 다른 민족의 지배를 받는 것은 정당한가? 국가의 종교가 모든 사람에게 강요되는 것은 정당한가? 이런 문제들이 정의와 관련해 열정적으로 논쟁되어왔고, 상이한 대답들이 시대마다 다르게 주어져왔다. 그렇다면, 정의의 내용은 최소한 어느 정도는 당시의 유행하는 의견에 의존할 것임이 분명하다. 그래서 대부분의 사람들은 내가 예시한 질문들 각각에 대해 분명한 대답을 가질 것이고, 그러므로 인류가 시간이 흐름에 따라 정의에 대한 편협한 생각에서 넓은 생각으로, 그리고 더 방어할 수 있는 생각으로 점차 나아간다고 생각하려는 유혹을 느낄 것이다. 그러나 이것은 우리가 가진 가장 확실한 착각 가운데 하나이다. 경험이 실제로 증명하는 듯이 보이는 것은 그저 각 세대가 상당히 절대적인 도덕적·정치적 판단에 마침내 도달했다고 생각하면서 기뻐한다는 사실이다.

한 국가의 헌법이 아무리 민주적일지라도, 예를 들면, 그 국가의 시민의 참여는 무엇보다도 상황에 따라 증가하고 줄어든다. 고대의 시민들은 중세의 시민들보다 정치에 더 많이 참여했다. 그리고 이탈리아 도시의 시민들은 중세 후기보다 초기에 정치에 더 많이 참여했다. 상황은 앞뒤로 흔들리는 법이다. 최근의 세대들은 도덕적 기준이 상대적이고 모든 문화가 평등하다는 믿음을 가지고 이것이 결국 말년의 지혜라고 단순하게 상상하면서 결국 어떤 절대적인 것을 만들었다.

정치는 정의가 무엇을 요구하는지에 관한 끝없는 공적 논쟁이다. 아리스토텔레스는 정체(政體)들의 불안정성이 평등을 향한 열망에서 기인한다고 가르쳤고, 더 나아가 정의를 폴리스의 복리(福利)에 대한 상이한 집단들의 기여에 따라 명예와 공직이 분배되는 상태로 묘사했다. 수의 많음, 부유함, 우수함은 모두 제자리를 찾아야 하며, 올바른 정체는 민주적 요소와 과두적 요소를 모두 포함할 것이라고 주장했다. 여기에서 철학자는 정의가 무엇인지를 우리에게 그저 말하고 있다. 어떻게 그것을 성취할 것인지에 관해 그는 조언해주지 않으며, 설령 그가 조언을 해주더라도 그의 처방은 별 도움이 되지 않을 것이다. 그러나 철학자의 말은 정의 같은 이념이 기능할 수 있는 또다른 방식을 우리에게 드러내 보여준다. 그것은 우리가 이미 아는 것에 대한 철학적 설명을 제공할 수 있다. 우리가 사용해온 항해의 비유에는 한 가지 커다란 결점이 있다. 항해의 비유는 정의가 우리가 아직 도달하지 않은 어떤 장소에서 발견되어야 함을 암시한다. 그러나 이것은 완전히 틀린 생각이다. 우리는 정의가 무엇인지를 이미 알며, 우리 사회는 어느 정도 기본적인 방식으로 이미 정의롭다. 그렇지 않다면 우리는 정의를 알아볼 수 없을 것이다. 다른 말로 하면, 정의는 그저 우리 앞에 있는 항해에 유용한 어떤 것이 아니다. 정의는 또한 우리 뒤에 있으며 우리가 무엇인지와 우리가 어디에서 왔는지를 모두 말해주는 것이다.

이것이 정치적 삶이 어떤 문제에서 또는 다른 문제에서 정의를 요구하는 사람들로 가득한 이유이다. 새로운 생각이 등장하고 상황이 바뀜에 따라 과거에 자연스러워 보이던 조건은 개혁에 대한 요구를 유발하게 된다. 정의는 개혁을 요구하기 위한 관용적 표현이다. 그 수사적 역할 속에서 정의라는 용어는 값싸지고 하찮아질 수 있다. 정의는 요구나 불만을 가진 모든 사람에게 적용될 수 있으므로 사회를 무질서 상태로 추락하게 만드는 열정들을 집중시킬 수 있다. 사회 전체가 내전으로 무너질 수 있다. 왜냐하면, 양편 모두가 각자의 주장을 뒷받침하기 위해 정의의 이념을 불러내기 때문이다. 그런 일이 1860년에 미국에서 일어났다. 홉스는 그것이 잉글랜드 내전의 원인이라고 생각했다. 그래서 홉스는 정의를 질서의 토대로서는 경시하고 진짜 문제는 평화라고 주장하는 다른 철학 전통을 따랐다. 무엇이 옳은지를 결정하는 일에 대한 절대적 책임을 주권자에게 부여한 홉스는, 그러므로 현행 공공 정책과 충돌하는 어떤 상위의 정의를 발견하기 위해 자기의 양심에 대고 묻는 사람들의 정당성을 부정하면서, 가차없이 형식적으로, 정의로운 사람은 "행동으로 자기 조국의 법을 준수하는 자"라고 묘사했다. 홉스와 같은 철학자들이 정의나 양심에 관심을 가지지 않은 것은 아니다. "정의가 없는 왕국이 큰 도적떼가 아니면 무엇인가?"라고 성(聖) 아우구스티누스는 물었다. 그러나 그에게 지상의 정의는 천국을 희미하게 모방한 것보다 결코 나은 것일 수 없었다. 단순히 그들은 정의가 열정이라는 불꽃에 의해 불붙기 쉬운 가연성 물질이고, 그러므로 철학적 자물쇠와 열쇠 아래에서 가장 잘 보관될 수 있다고 생각했던 것이다.

정치적 담화에서 이상이 기능하는 방식을 우리는 자유라는 이상을 통해 예증할 수 있을 것이다. 〔자유는 영어에서 **리버티**(liberty)라고도 하고 **프리덤**(freedom)이라고도 하는데, '리버티'는 디오니소스의 한 변형인, 로마 신화 속의 '리베르(Liber)'에서 나왔고, '프리덤'은 가정의 우두머리에게 소중한, 노예가 아닌 사람을 의미하는 게르만어 '프리(fri)'에서 나왔다. 무엇으로 부르건 상관없을 것이다.〕 자유는 무엇보다도 자기 확인의 용어로서, 예컨대, 주인이 없는 사람들의 계급을, 그리고 때로는 군주와 같은 권위자가 없는 공화적 정체를 확인하는 용어로서 기능한다. 자유의 가장 넓은 의미는 전제적으로 지배받는 사람들과 정치적으로 지배받는 사람들을 구별한다. 서구가 러시아와 그 밖의 곳에서 행해진 공산당의 전제적 지배에 맞서는 존재로서 자기를 "자유세계"라고 부르면서 호소한 것이 바로 이런 의미의 자유였다. 여기에서 우리는 이상적인 용어를 가지고 있지만 그것을 향해 항해할 필요가 없다. 왜냐하면, 그것을 (정의와 마찬가지로) 우리가 이미 가지고 있기 때문이다. 우리의 임무는 이미 우리가 가지고 있는 것을 잘 손질해서 보관하는 것이다.

자유를 이해하는 가장 쉬운 방법은 부정적으로 하는 것이다. 자유는 제지되지 않는 것을 의미한다. 정치적 맥락에서 이것은 자기의 삶을 자의적 권력을 가진 지배자 밑에서 영위하지 않아도 됨을 의미한다. 그러나 만약 자유가 제지되지 않는 것을 의미하고, 내가 이를테면 돈이 없어서 원하는 것을 하지 못하게 제지된다면, 그때 가난이 부자유(unfreedom)라고 주장하는 것은 쉬운 궤변이다. 이런 식으로 생각하면 '자유'라는 용어는 '권력'으로 미끄러져 들어갈 수 있고, 우리는 빈곤을 타파하고 우리의 권력을 평등하게 할 어떤 자애로운 전제군주를 세우는 방향으로 나아가게 된다. 홉스는 정의에 대해서만이 아니라 자유에 대해서도 의심이 많았다. 그래서 홉스는 자유를 매우 조심스럽게 "법의 침묵"이라고 정의했다. 말하자면, 어떤 강제적 법 규정도 누군가로 하여금 순응하도록 강요하지 않는 곳에서 그 사람이 자유롭다는 것이었다. 그러나 더 익숙한 유럽적 전통은 자유를 자의적 명령에 예속되는 것과 대조해 법의 지배 아래 사는 상태로 정의해왔다. 그러나 이런 분별 있는 시각조차 모든 문제를 보여주지는 않는다. 만약 자유가 금지의 부재 외에 다른 어떤 것이 아니라면, 법이 우리가 원하는 것을 하지 못하게 제지하는 사안에서 우리가 어떻게 자유로울 수 있을까? 금지의 부재가 자유라는 것이 홉스와 그를 따른 벤담이 취한 시각이었지만, 쟁점이 되는 사안이 우리에게 깨닫도록 요구하는 것은 (명령과 대조적으로) 법이 순수하게 추상적이며 자유재량을 남겨둔다는 것이다. 예컨대, 대부분의 사람은 자기의 문제를 살인으로 해결하는 것을 제재하는 법에 의해 강하게 구속되지 않는다. 왜냐하면, 본능적으로 살인을 취할 만한 선택에서 배제하며 자라기 때문이다.

어느 특정 국가라는 배에 탄 승객들은 삶이라는 깊고 넓은 바다를 순항할 때, 자신들이 아직 누리지 않거나 그저 불완전하게만 누리고 있는 어떤 것을 향해 나아가기로 결정할 수도 있다. 그런 결정이 가정하는 것은 모든 사람이 자기를 잡아끄는 이상을 누릴 수 있다는 것이다. 이것은 심각한 오해이다. 특정 시기의 우리의 성격과 우리의 문화가 우리에게 가능한 것을 제한하는 것이 현실이다. 그러므로 오로지 일정한 부류의 사람들만이 일정한 종류의 이상을 누릴 수 있다. 예컨대, 범죄자들은 종종 명성을 위해 남다른 재능을 보이지만, 정의에 그리 유능하지 않다. 다시, 자유라는 서구의 이상은 우리 문명에서는 많은 사람들에게 거부할 수 없게 매력적이지만, 쉽게 획득되지 않는 자기통제의 형태들에 의존한다. 무모하고 몽상적인 이론가들은 '해방'이라고 불리는, 자유에 인접한 목적지를 알아보라고 많은 사람들을 설득해왔고, 물이 새기 쉬운 국가라는 배에 탄, 쉽게 흥분하는 승객들을 급격한 방향 변경에 동의하도록 유도해왔다. 어떤 배들은 침몰했는데, 그것이 놀랍지 않은 이유는 루소와 그 밖의 사람들이 지적해왔듯이 노예들이 반란을 일으킨다면 자유로운 사회를 창조하는 것이 아니라 그저 자신들의 주인을 바꿀 것이기 때문이다. 자유의 역설은 자유가 **오직** 우리가 이미 가진 소유물일 수밖에 없다는 사실에 있다. 항해를 이끄는 이상으로서의 자유는 언제나 착각일 수밖에 없다.

민주주의라는 이상은 자유라는 이상과 비슷한 많은 특징들을 가지고 있다. 비천한 정체를 가리키는 용어로서 삶을 시작한 민주주의는 자유와 정의의 영역을 모두 넘겨받겠다고 위협할 정도로 커졌다. 민주주의가 자유와 정의의 영역을 모두 넘겨받을 수 있는 더 간단한 방법들을 예증하기란 어렵지 않다. 자기를 지배하는 법을 제정하는 일에 참여하지 않는 사람은 어느 누구도 자유로울 수 없다고 루소는 주장했다. 루소 자신은 이 명제에서 출발해 오직 민주주의만이 자유롭다는 생각으로 바로 이동할 만큼 둔감한 철학자는 아니었다(그는 민주주의가 그것을 작동시킬 신들을 필요로 하는 〔이루기 어려운—옮긴이〕 정체라고 생각했다). 그러나 다른 많은 사람들은 자유와 민주주의를 동일시했다. 민주주의가 정의를 소화할 방법도 많다. 물론 민주주의만이 정의롭다는 생각은 역사상 매우 적은 수의 사회들을 제외하고는 모든 사회가 정의롭지 않았다는 받아들이기 어려운 함의를 가질 것이다.

민주주의는 정치적 이상들이 근대 세계에서 국가의 무대를 넘어 퍼지고 (앞의 6장에서 보았듯이) 근대적 삶을 구성하는 저 다른 연합들에서 가치의 기준으로서 확립된 방식을 가장 잘 보여준다. 예를 들어, 민주적 '사회'는 용어상 모순으로 생각될 수 있지만, 모든 사람이 동일한 종류의 삶을 이끌고 유사한 자원들을 처분하는 사회를 의미하게 되었다. 민주적 **문화**는 아름다움을 구성하는 것에 관한 엘리트의 기준에서 해방된 문화이다. 때때로 **경제**를 민주화한다는 이야기도 있다. 그것은 일반적으로 공장을 노동자 협동조합으로 바꾸는 것을 의미한다. 풍습조차 민주적일 수 있다. 또한 민주주의는 프랑스 역사가 알렉시 드 토크빌이 미국 사회를 묘사하기 위해 사용한 용어였다. 그는 미국 사회가 유럽의 귀족적 관습을 폐지할 것이라고 생각했다.

현재 서구인들이 살고 있는 사회들은 모두 기본적으로 정의롭고, 자유롭고, 민주적이다. 이 용어들은, 철학자들이 그것을 상세히 설명할 때, 우리의 철학적 기반을 그럴듯하게 묘사한다. 그러나 이 용어들 각각은 철학자들과 수사학자들에 의해 (각각 다른 방식으로), 우리가 이미 향유하는 관습과 조건으로서가 아니라, 우리가 택할 수 있는 새로운 방향으로서 우리 앞에 가물거리도록 다듬어질 수 있다. 그 용어들은 사회 정의, 해방, 진정한 민주주의 또는 강한 민주주의로 바뀌고 우리의 노력을 인도한다. 정치의 한 가지 유형은 이상에 의지해 항해하는 것이다. 물론 문제는 당신이 오직 하나의 별에 의지해서만 키를 조종할 수 있고, 하늘에 흩어져 있는 몇 개의 별에 의지해서 조종할 수는 없다는 것이다. 그것은 다른 별의 주장보다 어느 하나의 별의 주장을 선전하는 사람들이 그것이 우리의 모든 열망을 만족시켜줄 그 하나의 별임을 보여야 함을 뜻한다. 그러나 우리의 열망들 가운데 많은 것은 상호 모순적이기 때문에, 우리는 우리의 열망들 가운데 어떤 것을 포기하거나 아니면 이 종착지들 가운데 어떤 것을 포기해야 한다. 바로 이것이 정치의 방향이 언제나 상충하는 바람직한 것들에 대한 변화하는 판단 결과여야 하는 이유이다. 정치에서 이상은 중요하지만, 궁극적으로 우리가 어디로 가고 얼마나 빨리 갈 것인지는 현실이 결정해야 한다.

제 11 장

정치를 과학적으로 연구하기

국가를 다스리는 것이 배를 조종하는 것과 같다는 생각은 매우 놀랍게도 매력적이어서 근대의 정치를 지배하고 있다. 광대하고 복잡한 사회의 미래를 결정할 수 있는 '우리'가 있음을 암시하며 그 비유는 목적, 정책, 전략, 강령, 그리고 다른 몇몇 용어들에 관한 논의들로 퍼졌다. 선거 시기에 정당들은 이익을 약속하며 표를 얻기 위해 경쟁한다. 그러나 경험이 보여주는 것은, 언제가 되었든지 간에 문제가 해결된다면 그것은 오직 새로운 문제를 만들어내는 것을 대가로 해서라는 것이다. 이것은 의심할 바 없이 인간의 조건이다. 이 조건 안에서 우리는 아마도 개인으로서 또는 집단으로서 직면하는 우리의 문제들 사이에서 제한된 선택만을 할 수 있을 것이다. 몇몇 사람은 우리를 고통스럽게 하는 불의에서 벗어나는 정치적 구원을 꿈꾸지만, 많은 사람은 그 반대 입장에 대한 〔영국의 시인—옮긴이〕 알렉산더 포프의 다음과 같은 언급에 공감할 것이다.

> 정부의 형태에 관해서는 어리석은 자들끼리 논쟁하게 내버려두자.
> 무슨 형태이건 간에 가장 잘 운영되는 정부가 가장 좋은 정부이다.

그러나 만약 국가를 다스리는 것이 배를 조종하는 것과 같다면, 우리에게 필요한 것은 배가 어떻게 작동하는지에 관한 신뢰할 만한 사실들과 건전한 설명이다. 이것을 발견할 곳이 과학이라고 널리 여겨진다. 지금까지 우리는 정치의 역사를 살펴보았고, 다음으로 정치가 경험되는 방식들에 우리의 주의를 돌렸다. 이제 역사와 실천에서 과학으로 이동해보자.

깨달아야 할 중요한 사실은 정치를 과학적으로 바라보는 것이 관점의 완전한 변화를 요구한다는 것이다. 우리가 정치를 경험하는 방식은 인물의 캐릭터, 관습, 상황을 갖춘 한 편의 드라마로서이다. 정치학은 우리로 하여금 개인적 차이에 관해 잊을 것과 정치를 자연에서 벌어지는 일과 비슷하게 시간을 넘어 지속되는 하나의 **과정**으로 해석할 것을 요구한다. 우리는 고대인들이 정치의 운동 속에서 세대를 가로지르는 순환주기를 발견함으로써 이런 해석의 작업을 수행했다는 것을 살펴보았다. 그것은 오늘날에도 여전히 강력한 관념이며, 마키아벨리는 그것을 매우 효과적으로 이용했다. 마키아벨리는 종교가 "좋은 제도를 낳았고, 좋은 제도가 좋은 운으로 이끌었고, 좋은 운으로부터 도시가 하는 일에 행복한 성공이 찾아왔다"고 언급했다. 그는 폴리비오스와 여러 고대 작가들을 따라 각각의 정체가 그것의 내적 결함으로 인해 붕괴했다고 주장했다. 그런 흥망성쇠의 순환은 관련된 사람들의 개인적 자질에 의해 그저 조금의 영향을 받을 뿐이다. 마키아벨리는 그런 많은 흥망성쇠의 순환이 결코 스스로 완성되지 않는다는 사실에 주목한다. 국가 안의 무질서에 의해 생겨나는 연약함이 그 국가를 순환이 작동하고 있는 체계의 바깥에 있는 이웃 국가의 정복 대상으로 만든다는 것이다.

체계라는 관념, 즉 서로 고정된 관계를 가지는 기계적 구성요소들의 집합이라는 관념은 정치를 과학적으로 파악하는 일에서 핵심이다. 자동차 엔진은 그런 체계의 한 가지 예이다. 자동차가 고장났을 때 수리공은 그것을 고칠 수 있을 것이다. 우리는 종종 경제를 하나의 기계장치라고 생각한다. 그래서 경제의 성과를 정부와 같은 어떤 외부적 지능이 지휘할 수 있다고 생각한다. 더 나아가 마치 정부가 자동차의 소유자이고 그 차의 성능을 향상시키거나 전동(傳動) 비율을 높이려고 하는 것처럼 생각한다. 여기에서 우리는 정치를 이해할 때 사용하는 또다른 지배적 비유를 발견한다. 이번에는 몸(body)도 아니고 배(ship)도 아니고, 기계(mechanism)이다. 정치인은 기계장치를 우리가 원하는 방식으로 작동하게 만들려고 노력하는 체계 바깥에 있는 엔지니어이다. 우리는 체계 안에 있는 것(오늘날 전문적인 언어로 '내생적인 것'이라고 부르는 것)과 바깥에서 체계에 영향을 끼치는 것('외생적인 것'이라고 부르는 것)을 또한 구분해야 한다.

이 비유가 정치학 밑에 깔려 있다. 과학의 요소는 정치를 과정이나 메커니즘으로 이해하려는 시도에 있으며, 이는 그런 지식을 우리의 목적을 달성하는 데에 사용하려는 기술적 야심과 밀접하게 관련되어 있다. 정치를 이런 식으로 파악할 때 겪는 한 가지 어려움은 내생적인 것과 외생적인 것 사이의 경계를 결정하는 것이다. 어디에서 체계가 끝나고 어디에서 바깥에 있는 조작적 지능이 시작되는가? 예를 들어, 1958년 샤를 드골이 프랑스 정치에 개입하여 제5공화국의 형태로 완전히 새로운 헌정(또는 체계)을 만들었을 때 그는 체계 바깥에 있는 '기계장치에 의해 무대에 등장한 신(deus ex machina)'이었을까, 아니면 프랑스 정치의 전통에 의해 구성된 더 큰 체계의 부분이었을까? 그 답은 물론 이 모든 것이 이해를 둘러싸고 벌어지는 지적인 게임의 규칙에 달려 있다는 것이다. 미국 건국의 아버지들은 규칙의 체계를 만든 것으로 간주될 수 있지만, 그 후계자들은 그들이 만든 체계 안에서 움직였다.

무엇인가에 대해 숙고할 때 우리는 우리가 자유로우며 그 어느 체계 안에도 있지 않다고 가정하지만, 다른 사람들이 우리에 대해 숙고할 때 그들은 우리를 어떤 이해의 체계 안에 고정되어 있고 어느 정도 예측할 수 있는 특징들을 가진 존재로 여긴다. 인종, 성, 계급, 역사, 또는 다른 추상적 요소들에 의해 구성된 결정적 체계를 어느 누구도 벗어날 수 없다고 주장하는 것은 유행하는 철학적 표현이다. 어떤 의미에서 이것은 분명 진실이다. 그러나 그것은 인종, 성, 계급, 역사에 의해 구성된 그 체계가 사람들이 어떻게 행동할 것인지를 우리에게 말해줄 수 있을 때에만 흥미로운 진실일 것이다. 그러나 그럴 수 없기 때문에 우리에게는 공허한 결정론만이 남는다. 벗어날 수 없는 것이 무엇이건 간에 우리는 벗어날 수 없다!

정치학은 공학적 비유에 의해 가장 잘 이해되는 어떤 토대에 의존한다. 정치학은 또한 수사(修辭)에 의존한다. 이미지, 고정관념, 허구, 신화(그리고 '수사'라는 용어 자체)를 사실, 증거, 현실, 그리고 그와 같은 단단하고 자갈 같은 인상적인 다른 용어들과 대조시키는 수사에 의존한다. 이런 토대들 위에서 정치학은 이론이라는 거대한 건축물을 세우기 위해 고유의 재료들을, 그리고 오늘날은 저런 재료들을 사용한다. 정치학자는 깊이를 알 수 없는 데이터(data)의 광산을 소유한 사람으로서 먼저 우리 앞에 등장한다. 데이터는 이론을 구성하고 시험하는 일에 사용할 수 있는 사실들의 집합이다. 역사 전체는, 예를 들면, 혁명에 관한 이론을 발전시키는 정치학자에게 일종의 데이터를 제공하기 위해 용해될 수 있다. 근대 세계가 데이터에 점점 중독되고 있다고 규정해도 거의 무방할 것이다. 공무원들은 데이터를 모으고, 통계학자들은 데이터를 다듬고, 컴퓨터는 데이터를 저장한다. 정치학자는 첩보가 너무 방대해서 지나치게 많은 다른 정보가 사령부에 넘쳐나기 때문에 적의 공격 계획과 시기를 알면서도 인지하지 못하는 군대의 사령관같이 될 위험에 처해 있다.

투표는 데이터 한 조각이다. 여론조사원의 질문에 대한 답변도 그렇다. 전 세계에 걸쳐 이런 종류의 정보의 양이 기하급수적으로 늘어나고 있다. 그러나 투표와 의견은 선거에서 제공되는 제한된 선택이나 여론조사원의 질문에 대한 답변에 의해 만들어지는 추상 개념으로 전환될 때 비로소 데이터가 된다. 데이터는 균질화 작업에서 출발한다. 투표자가 가진 열성의 정도나 응답자의 자질과 같은 복잡한 요소들을 통합하기 위해 이루어지는 많은 정교한 시도들을 데이터는 언제나 결국 좌절시켜야 한다. 그런 복잡성이 원칙적으로 데이터로 전환될 수 없다는 것은 아니다. 그보다는 응답의 순간에 응답자가 언제나 적절한 정보를 의식적으로 이용할 수 있는 것은 아니라는 말이다. 인간은 〔5점 척도 등의 여론조사를 통해—옮긴이〕 다양한 강도로 표시되는 결론들의 혼합 이상의 존재이다.

정치학자들이 보는 정치는 데이터로 빽빽한 체계들이고, 정치학자들의 목적은 그 체계들 간의 인과적 연결을 발견하는 것이다. 이것을 탐색할 때, 근대 사회를 구별되는 연합들로 분석하는 것(그것을 우리는 6장에서 공부했다)은 매우 값진 사유의 틀이지만, 또한 정치학 자체를 파괴하려고 위협하는 틀이기도 하다. 왜냐하면, 만약 정치에서 일어나는 일의 원인이 경제나 사회적 과정, 또는 심지어 문화에서 발견될 수 있다면, 정치는 그저 결과들의 집합일 것이고, 자유롭고 자기결정적인 활동으로서 그것이 가진 자율성을 잃을 것이기 때문이다. 어쩌면 정치에는 과학이 연구할 그 무엇도 남아 있지 않게 될지 모른다.

정치는, 물론 그것이 다른 인간 활동과 구조에 분명히 밀접하게 연관되어 있긴 하지만, 실제로 자율적이다. 정치학의 기초적 질문은 이것이다. 무엇이 이러저러한 정치 현상을 낳았는가? 예를 들면, 왜 정부는 어떤 때는 선거에서 이기고, 어떤 때는 선거에서 지는가? 이 질문에 대한 답의 일부를 정치 자체 안에서, 예컨대, 승자의 우월한 정당 조직에서 찾는 것이 가능할 것이다. 그러나 종종 정치학자에게 더 심오한 설명으로서 호소력 있게 느껴지는 것은 정치 바깥을 함께, 예컨대,

경제라고 불리는 명확하게 분리된 것에서 설명하는 이론일 것이다. 이런 종류의 이론이 제시하는 한 가지 간단한 가설은 선거가 무역 주기의 상승 곡선에서 치러진다면 집권당이 재선된다는 것이었다. 만약 이것이 정말로 사실이라면 아는 것이 힘이라는 격언이 예증될 것이다. 선거에서 이기기 위해 정부가 해야 할 모든 일은 선거가 다가올 때 벼락 경기(景氣)를 꾀하는 것이다.

두 가지 명백한 문제가 있다. 첫째는 경제가 말하는 대로 행동하는 길들여진 애완동물이 아니라는 것이고, 둘째는 공교롭게도 그 가설이 어떤 경우에도 틀렸다는 것이다. 정치학에서 흔히 그렇듯이 상관관계는 흥미롭지만 인과적 연결은 희미하다. 설령 관계의 요소들이, 예컨대 소비자와 유권자가, 동일한 사람이라는 사실에 의해 통일되더라도 그렇다.

그 이상의 문제가 있는데, 그것은 정치학을 근대적 형태로 만들려는 초기의 시도들 가운데 하나를 통해 예증될 수 있다. 20세기의 전환기에 강단 정치학자들의 첫 세대는 자신들의 이론적 선행자 가운데 일부를 공격했다. 그들이 인간을 전적으로 합리적인 존재로 가정하는 실수를 범했다는 것이었다. 순전히 합리적인 논증으로 투표자에게 호소하려고 노력한 정치인들과 이론가들이 이런 실수를 저질러왔다. 새로운 정치학자들은 이미지, 고정관념, 군중 속에서 떠오르는 감정, 가족 배경, 다른 많은 비합리적 요소들이 실제로 정치적 행태를 결정하는 중요한 것들이라고 의기양양하게 지적했다. 학문적 삶 속에서 이루어지는 그런 비판적 상호작용에서 흔히 일어나듯이 양편은 어느 정도 서로의 의도를 오해했다. 사실 정부 정책에 대한 좀더 합리적인 태도를 이끌어내기 위해 고안한 규범적 주장이었던 것을 새로운 정치학자들이 실제적 가정으로 간주한 것이다.

비판하는 편과 비판받는 편이 서로의 의도를 오해한 것보다 훨씬 더 근본적인 문제는 인간의 행동이 본질적으로 비합리적이라는 것을 가정함으로써 정치학의 과학적 기획이 제한된다는 사실이다. 과학은 연구의 대상이 무엇이든지 간에 그것을 생각의 영향을 받지 않는 자연적 과정으로 만든다. 왜냐하면, 사유는 세계를 다양한 방식으로 구성하는 능력이고, 인간이 어떻게 행동하느냐는 이 예측할 수 없는 구성에 달려 있기 때문이다. 그러므로 인간의 행동에는 자연 세계에서 발견되는 바로 그 규칙성이 부족하다. 예컨대, 경제 지표가 상승할 때나 좋을 때 치러지는 선거에서 집권당이 종종 이긴다는 관찰은 현상황에 만족하는 시민들이 집권당에 투표하는 경향이 있다는 인과적 가설 같은 것으로 변할 수 있다. 그러나 그 가설에 실질적 영향력이 부족한 이유는 인간이 반성적이고, 세계가 경제 성장이나 경제 침체 외의 다른 많은 방식으로 얼마든지 관찰될 수 있기 때문이다.

사실, 심리학자들이 연구한 바와 같이, 상이한 형태의 다양한 비합리적 인간 행태가 있으며, 20세기의 정치학은 지금까지 수많은 매혹적인 가설들을 만들었고 어떤 특정 국민의 정치를 이해하는 데에 정말 필수 불가결한 정보를 흥미로운 방식으로 정리하는 것을 도왔다. 그러나 20세기의 정치학은 우리가 방금 묘사한 행태적 형식 속에서 어떤 실망스러운 모습을 보였고, 다른 방향에서 문제와 씨름하는 새로운 모델의 정치학에 뒤지게 되었다. 합리적 선택 이론은, 감정과 반사작용에 집중하는 대신, 합리적 숙고와 관계한다. 정치인과 투표자는 끊임없이 선택한다. 그리고 우리는 사건의 가능한 경로에 관한 우리의 생각에 의해 수정된 우리의 선호에 따라 선택한다. 이것은 '기대 효용'이라고 불리며 선호(選好)라는 형식 논리의 용어로 연구될 수 있다. 이 연구의 한 가지 특별한 발달은 (오해하기 쉽게도) '게임'이라고 불리는 상황 안에서 '전략'을 선택하는 분리된 의사결정자들 사이의 관계를 주시한다. 합리적 선택 이론가들이 던지는 질문은 이것이다. 어떤 조건 아래에서 가장 즉각적으로 분명하게 (이 가정에 따르면) 합리적인 전략, 즉 자기의 개인적 이익을 추구하고 다른 사람이 지불한 것에 '무임승차하는 자'가 되는 전략에 반대해 타자와의 협력 전략을 선택하는 것(예컨대, 공원이나 안보 같은 공공재를 위해 비용을 지불하는 것)이 합리적인가?

이 쟁점들은 종종 그 유명한 수인(囚人)의 딜레마에 기초해 분석된다. 여기에서 외부와 연락이 끊긴 채 보안관에 의해 붙잡혀 있는 두 명의 수인은 그들의 전략을 결정해야 한다. 조건은 이렇다. 만약 갑이 자백하고 을이 자백하지 않으면, 그때 갑은 가벼운 벌을 선고받고 을은 무거운 벌을 선고받는다. 만약 을이 자백하면 가벼운 벌을 선고받는 쪽은 을이 될 것이고, 무거운 벌을 선고받는 쪽은 갑이 될 것이다. 만약 둘 다 자백하면, 둘 다 아주 무거운 벌을 선고받게 될 것이다. 그러나 만약 그들이 서로 신뢰하면, 그래서 어느 누구도 자백하지 않으면, 둘 다 가장 가벼운 벌을 선고받을 것이다. 그러므로 신뢰는 인생에서와 마찬가지로 이 게임에서도 위험(risk)을 내포하지만, 또한 가장 큰 보상을 줄 수 있다. 있음 직하지 않은 이 구조가 국가의 토대부터 국제관계와 공적 공간의 예비까지 모든 것을 포괄할 정도로 폭넓게 형식화될 수 있다는 것은 놀랄 만하다.

이 선택의 공리학(公理學)은 폭넓고 인상적인 전문적 문헌들을 산출했다. 그러나 그것이 예증하는 것은 경제학의 식민지가 되어가는 정치학의 경향이다. 왜냐하면, 이런 방식으로 이론화된 행위자는 기본적으로 경제적 행위자이기 때문이다. 바로 이 사실이 우리의 주장에서 독자에게 모순처럼 보일 수 있는 것을 설명해준다. 우리는 정치학이 인간을 비합리적인, 자극에 그저 반응만 하는 존재로 이해할 수 있을 뿐이라고 주장해왔다. 그러나 여기 합리적 선택 이론에서 우리는 합리적 행위자의 선택을 탐구하는 정치학의 한 형태를 보고 있다. 이제 확실히 정치학은 합리성을 수용할 수 있을까?

이 문제의 핵심은 '합리적'이라는 말로 우리가 무엇을 제시하는지에 놓여 있다. 우리가 여기에서 고전 철학에서의 이성 개념과 그것과는 상당히 다른 추상적 경제 행위자의 '도구적 합리성' 간의 차이에 관해 자세히 언급할 필요는 없을 것이다. 다만 우리가 주시해야 할 것은 인간이 행동할 때 그 행동을 추동하는 욕구를 스스로 깨달으려고 할 뿐만 아니라, 또한 자신이 선택한 정체성을 보존함으로써 자신을 표현하려고 한다는 것이다. 합리적 선택 이론이 선호를 양화(量化)하고 배열함으로써 제한된 방식으로 그 첫번째 요소를 하나의 공식으로 바꿀 수는 있지만, 행동의 다른 요소를 다룰 수는 없다. 그리고 우리 행동의 이 다른 요소가 (경제에서는 덜 그렇지만) 정치에서는 특별히 두드러진다. 합리적 선택 이론을 비판하는 사람들은 이 이론이 상이한 문화적 배경을 가진 사람들의 행동 방식에 대해 무분별하다는 점을 특별히 사납게 공격해왔다.

정치에 대한 과학적 연구는 우리 세기의 위대한 성취이지만 제한적인 성취이다. 그것은 다른 어느 형태의 이해와 마찬

가지로 그 한계에서 힘을 얻지만, 완전한 의미에서의 과학이 가진 특수한 한계는 인간의 삶을 이해하는 일에서 특별히 제한적이다. 그러나 종종 정치학은 하나의 분과학문으로서의 과학이 엄격하게 요구하는 것을 무시함으로써 이 한계를 벗어난다. 정치학이 사용하는 재료의 많은 부분은 역사적이고 서술적이다. 그리고 우리가 만약 근대 국가의 정부에 대한 어떤 이해가 그 국가 안에 살고 있는 사람들의 문화로부터 분리될 수 없다는 것을 인정한다면, 정치학은 정말로 역사적이고 서술적이어야 할 것이다.

제 12 장

정치에 도전하는 이데올로기

정치는 육체적 노동, 출산과 함께 기독교적 용어로 표현하자면 인류가 받은 저주 가운데 하나이다. 노동으로 인한 고통의 많은 부분은 기계가 가져갔고, 출산의 고통도 이제 더는 과거와 같은 통증이 아니다. 그러나 정치의 저주는 어떤가? 인간이 천사라면 아무 정부도 필요 없을 것이다. 그러나 어떤 정부가 필요하다고 해서 전쟁, 빈곤, 폭력으로 점철된 역사가 우리에게 계시해준 국가보다 더 나은 해결책을 우리가 찾을 수 없는 것일까? 이런 종류의 높은 기대가 정치의 가장자리에 있던 가난한 사람들 사이에서 종종 분출되었고 때로는 중앙을 장악했다. 그런 기대들은 명백하게 기독교 천년왕국 운동에서 유래했으며 폭발적인 결과를 가져왔다.

새로운 천상의 질서가 임박했음을 믿는 재세례파는, 예를 들면, 1534년에 뮌스터라는 독일 도시를 장악했고 그곳에 완벽한 공동체라고 생각한 것을 세웠다. 그 공동체는 근대의 전체주의와 주목할 만한 유사점을 지녔다. 종교적 전제(專制)로 나아가는 경향은 1642년 이후의 잉글랜드 내전에서 뚜렷했다. 한 성직자는 전형적인 어투로 이렇게 썼다. “시민 정부를 낳는 것은 신의 계획이며, 여기 아래 있는 모든 것은 저 위에 있는 것들의 모습을 닮아야 한다.”

철학에 뿌리를 둔 하나의 강력한 전통이 완벽한 사회를 만들려는 기획에 또한 주의를 집중해왔다. 대부분의 사람들이 살고 있는 어두운 동굴을 벗어나 사물의 실재를 보는 철학자에 대한 플라톤의 설명은 많은 사람들을 매혹해왔다. 참된 통치자가 될 수 있는 것은 오직 철학자뿐이다. 왜냐하면, 철학자만이 참된 공동체를 안내하는 일에 필요한 앎에 접근했기 때문이다. 한참 뒤, 18세기의 프랑스 계몽사상가들(philosophes)은 이성을 파악한 자신들이 세상에 정의를 가져다주는 일에 필요한 지식을 만들어낸다고 생각했다. 그들 가운데 많은 사람은 〔세상에 정의를 가져다주는—옮긴이〕 저 과정을 구체제를 일소하는 것과 구분하지 못했다. 전제에 대한 서구의 전통적 혐오를 포기한 것은 이 작가들이었다. 그들은 새로운 질서가 지식뿐만 아니라 무제한적 권력도 요구한다는 것을 알아봤다.

입헌성과 법의 지배에 의해 광범위하게 구속되어 있는 유럽의 국가는 바로 이런 이유에서 불완전하게 여겨졌다.

이런 생각들이 자라난 근대적 토양은 프랜시스 베이컨에 의해 예비되었다. 베이컨은 인간 삶의 목적이 인간의 조건을 개선하는 데에 유용한 지식을 축적하는 것이라고 생각했다. 18세기 말, 기술은 자연에 대해 엄청난 힘을 획득했다. 그래서 선구적 사상가들은 이미 동일한 종류의 힘을 사회에 행사할 꿈을 꾸고 있었다. 그들의 첫번째 모험이 1789년 프랑스에서 등장했다. 그것이 피와 폭정 속에서 절정에 이르렀다는 사실은 그들을 그저, 말하자면, 처음 계획 단계로 되돌려보냈을 뿐이다.

사상의 많은 흐름들이 마법적 힘에 대한 추구를 닮은 어떤 열망을 키웠다. 신이 진보를 계시한다는 종교적 사색들과 신이 피조물 바깥에 있는 창조자가 아니라 피조물이라는 범신론적 생각이 철학으로 퍼졌다. 스코틀랜드에서 애덤 스미스와 애덤 퍼거슨 같은 다수의 사상가들은 인류의 역사를 진화 단계들의 진행으로 보았다. 사람들은 유목민에서 목축 사회로 진화했다. 목축 사회는 농업에 길을 내주었고 근대의 상업 사회에서 정점에 도달했다. 각 단계가 문명의 더 높은 형태로 여겨졌다. 이 진화의 과정은 애덤 스미스가 '보이지 않는 손'이라고 부른 것에 의해 안내되었다. 독일에서는 철학자 헤겔이 이런 생각들과 그 밖의 많은 생각들을 영향력 있게 해설했다. 헤겔은 회의론자들이 그저 인간의 어리석음이라는 걸림돌을 넘으며 위아래로 흔들리는 여행으로 보았던 역사가 실제로는 합리적인 구조를 드러낸다고 자신의 독자들에게 계시했다. 헤겔은 역사가 진보하며, 근대 국가의 국민들이 초기의 사회들에서 단지 가능성으로만 존재했던 것을 완전하게 누린다고 생각했다.

헤겔의 철학은 매우 어렵고 복잡하지만, 그것은 종말론적 노력을 젊은 제자 그룹에게 전달했다. 그들은 헤겔이 인간 존재의 수수께끼를 풀었다고, 적어도 거의 풀었다고 생각했다. 그들 가운데 가장 유명한 사람이 카를 마르크스였다. 그는 헤겔의 철학을 산업화 초기의 유럽에서 싹트고 있는 사회주의적 이념들과 융합했다. 마르크스는 인간의 타락을 사적 소유 제도에서 발견했다. 사적 소유 제도는 명백히 원시 공산제라는 유목 단계 다음에 등장했다. 인류의 숙명은 저 초기 공동체적 목가(牧歌)를 진보한 기술적 형태로 재창조하는 것이었고, 그것의 성취는 역사의 수난을 필요로 했다.

그렇게 마르크스는 자신에게 커다란 영향을 준 근대 세계의 성격을 묘사했다. 헤겔은 노예제와 억압의 역사가 지난 뒤 근대 유럽이 마침내 성취한 문명 안에서 모든 사람이 자유롭다고 주장했다. 마르크스는 이 형식적 자유가 사실 이제껏 창조된 것 가운데 가장 교활한 형태의 억압이라는 것을 그의 추종자들에게 계시했다. 근대인들은, 마르크스와 엥겔스가 1848년 『공산당 선언』에서 윤곽을 제시한 시각에서 보면, 자본의 신비한 힘에 의해 움직이는 꼭두각시보다 더 나을 바가 없었다. 자본의 신비한 힘이 근대인들을 자본주의적 생산 양식에 숨어 있는 논리에 따라 거래하고 이주하고 일하고 심지어 생각하도록 이끌었다. 전에도 사회주의는 있었지만, 마르크스는 그의 사회주의가 최초의 **과학적** 사회주의라고 주장했다. 그것은 수천 년 동안 역사적 필연성이라는 파도에 시달린 뒤 마침내 인류로 하여금 국가라는 배의 키를 붙잡고 그 배를 항구로 인도하도록 만든 인간의 조건에 대한 지식이었다. 이제 필요한 것은 그저 혁명이라고 불리는 과정에서 교량을 장악할 이 지식을 가진 사람들뿐이었다.

이것은 오래된 종교적 · 철학적 주제들을 너무도 훌륭하게 통속화한 것이어서 이후 세대들을 계속 매혹했다. 마르크스의 사회주의는 그것이 동원하려고 계획한 사람들, 곧 순수한 프롤레타리아 계급의 관심을 끄는 단순한 멜로드라마를 좀더 지적인 추종자들을 자극할 수 있는 관념적 장치와 결합했다. 헤겔은 역사가 어떤 의미에서 끝에 도달했다고 생각했다. 마르크스는 그 관념을 차용했고, 그것을 쟁취해야 할 하나의 기획으로서 미래에 위치시켰다. 헤겔과 다르게 마르크스는 국가를 훗날 마르크스주의자들이 '역사의 쓰레기통'이라고 부른 것에 집어넣었다. 마르크스에 따르면 실로 이제까지 문명을 구성했던 것의 상당 부분은, 예컨대, 도덕과 법은 새로운 시대에 사라질 것이다. 철학 자체, 곧 탈레스와 그리스의 소크라테스 이전 철학자들로 거슬러올라가는 복잡한 추상들과의 저 뒤틀린 씨름은 인간의 현실에 대한 직접적인, 매개되지 않은 의식으로 대체될 것이다. 그런 의식은 〔기존의 철학과 다르게—옮긴이〕 모두가 가질 수 있다. 마르크스가 자신의 가장 유명한 발언 가운데 하나에 썼듯이, "철학자들은 지금까지 세계를 그저 상이하게 해석해왔지만, 정작 중요한 것은 세계를 바꾸는 것이다".

마르크스주의는 역사적으로 중요하다. 또한 그것은 이후의 많은 같은 종류의 계시들에 하나의 모델로서 기능했기 때문에도 중요하다. 헌신적인 마르크스주의자들은 삶의 모든 혼란스러운 요소들을 갑자기 이해하게 된 사람들이 엄청나게 흥분하는 것을 체험했다. 마르크스주의는 그러므로 정치적 글쓰기와는 완전히 다른 것이었다. 우리는 열정적인 자유주의자나 보수주의자일 수 있고, 의회나 왕을 지지할 수 있으며, 선거권의 확대를 찬성하거나 반대할 수 있다. 이런 열정들이 계시를 만들어낸다고 결코 상상하지 않으면서 그렇게 할 수 있다. 사실 기독교 신앙이 쇠퇴하던 시기에 마르크스주의는 그 추종자들에게 하나의 정치와 하나의 종교, 하나의 도덕적 정체성을 모두 한 번에 공급한 경제적인 패키지였다. 바로 이런 이유에서 마르크스주의는 정치적 교리가 아니다. 설령 정치적 교리라는 마르크스주의의 주장이 받아들여지더라도, 그것은 훨씬 더 의미심장한 무엇일 것이다. 정치적 교리는 근거를 제시하고, 서로 이야기한다. 그러나 마르크스주의는 오직 진리를 선포할 수 있을 뿐이다. 마르크스에게 정치는 더 근본적인 과정이 밀어올리는 거품에 불과하다. 그러므로 우리는 마르크스주의나 그와 유사한 계시들을 그것과는 완전히 다른 논리를 가진 정치적 교리와 구분할 필요가 있다. 지상에서의 해방을 약속하는 이 정치적 교리들을 이데올로기라고 부를 수 있을 것이다. 우리의 다음 과제는 이 신기한 단어를 설명하는 것이어야 한다.

이 단어는 1797년 데스튀트 드 트라시라고 불리는 프랑스 철학자가 발명했다. 그는 얼마 전 〔프랑스혁명 이후 로베스피에르가 주도한—옮긴이〕 공포통치에서 겨우 살아남았다. 드 트라시는 그 시대 '철학자들'의 핵심 기획에 착수했다. 그것은 개념들을 경험이라는 시험대 위에 올리고 거기에서 떨어진 것들을 버림으로써 이해를 명료하게 하는 것이었다. 어쩌면 그는 이 새로운 과학을 '프시콜로지(psychologie)'라고 불렀을지도 모른다. 그러나 그는 ('영혼'을 의미하는 그리스어 '프쉬케

psyche'에서 파생된) 이 단어의 유래가 무엇인가 용납할 수 없는 영적 의미를 전달할지도 모른다고 생각했다. 그래서 그는 '이데올로지(idéologie)'라는 단어를 창안했고, 그것은 인기를 얻었다. 이데올로기의 지지자들은 곧 '이데올로그(idéologues)'라고 불렸다. 그들은 혁명이라는 혼란스러운 시기에 자유주의적 공화주의자들로서 보나파르트라는 젊은 장교를 지지하게 되었다. 그러나 보나파르트는 곧 그들을 경멸적인 의미로 '이데올로그들(les idéologues)'이라고 지칭하며 버렸다. 그들이 이론가로서 정치에 간섭하는 것이 도움이 되기보다는 오히려 해를 더 많이 끼친다고 생각한 것이다. 드 트라시는 1815년까지 네 권이 넘는 분량으로 그의 이해 과학을 계속 발전시켰지만, '이데올로기'는 우선 그저 비실천적인 지식인들에 대한 경멸을 표현하기 위한 임시적 용어로서만 살아남았다.

1846년 마르크스와 엥겔스는 『독일 이데올로기』라고 불리는 대단한 저작을 썼다. 이 책에서 그들은 젊은 헤겔주의자 서클에 있는 자신들의 옛 동료들을 공격했다. 사회의 작동 방식에 관한 진리를 소유하고 있다고 믿은 그들에게는 자기의 사회적 조건을 초월하는 데에 실패한 사람들의(특히 부르주아 계급의) 그릇된 신념을 묘사할 용어가 필요했다. 그들은 '이데올로기'라는 단어를 집어들었다. 이 저작은 1926년까지 출판되지 않았지만, 이데올로기라는 단어는 새로운 방향으로 나아갔다. 이 단어가 두 개의 완전히 상반된 관념, 즉 진리라는 관념과 허위라는 관념을 담았다는 사실은 이미 분명할 것이다. 이데올로기는 (이데올로그들 자신에게는) 진리를 계시하는 철학적 위생학을 의미했고, (마르크스에게는) 청소될 필요가 있는 바로 그 허위를 의미했다. 그러나 명백한 모순의 문제는 저 그릇된 관념들의 허위성이 자기 생각의 진리성에 의해 보증된다는 것을 깨달을 때 사라진다. 이데올로기는, 말하자면, 교조적 확신의 부정적 극단과 긍정적 극단을 가리킨다. 마르크스주의자들은 세계에 대한 참된 이해를 지녔고, 그러므로 그들에게 반대되는 것은 무엇이든지 허위, 즉 이데올로기적임에 틀림없다는 것이다. 이데올로기적이라는 말은 그냥 허위라는 뜻이기도 하지만, 또한 잘못된 사회적 위치를 반영하기 때문에 허위라는 뜻이기도 하다. 동일하게 모호한 용법이 진리의 무정부주의적 형태들이나 급진 여성주의적 형태들에서도 특징적으로 나타난다. 이 공생관계를 파악하는 한에서, 이데올로기라는 용어는 진리를 가리킬 뿐만 아니라, 그렇다고 하는 저 믿음에 의해 허위로 판단되는 다른 모든 믿음들을 또한 가리키는 것으로서 심각한 혼동 없이 사용될 수 있다. 그러므로 어떤 사람이 마르크스와 그의 추종자들이 그렇게 생각했듯이 자신이 진리가 무엇인지를 안다고 판단하는 한, 이데올로기는 진리와 오류의 장(場) 전체를 사용한다.

이 단어의 모험을 우리는 조금 더 추적할 필요가 있다. 첫번째 모험은 마르크스주의 자체 안에서 일어났다. 마르크스주의는 관념들이 물질적 조건을 반영하며 부르주아적 조건을 반영하는 부르주아 계급의 허위 관념이 '부르주아 이데올로기'라고 주장했다. 그러나 모든 관념이 사회적으로 생산된다고 생각했으므로 다음과 같은 의문이 떠오른다. 공산주의적 관념들은 어디에서 왔을까? 그 해답은 진리를 계시하는 공산주의를 탄생시킬 운명을 지닌 프롤레타리아 계급의 경험에서 그 관념들이 솟아났다는 것이었다. 마르크스주의는 이런 조건 속에서 떠오르는 프롤레타리아 계급의, 사회적으로 결정된 관념인 이데올로기였지만, 공교롭게도 또한 진리였다. 예를 들면, 레닌이 취한 시각이 그러했다. 레닌은 자기 시대의 가장 유명한 마르크스주의자였다.

두번째 발전은 19세기 말에, 특히 미국에서, 분과학문으로서 정치학이 성장한 것에서 비롯했다. 연구를 위해 제공된 자료들 가운데에는 정치에 관해 이러저러한 말투로 온갖 사람들이 쓴 다소 잡다한 이론들이 있었다. '이론'과 '교리' 같은 단어들에는 탐구를 발전시키는 일에 없어서는 안 될 전문적 허세가 부족했다. 그래서 정치적 관념들과 우리가 여기에서 특별한 종류의 지적 창조물로 표기하는 것을 모두 포함하는 이런 신념들의 혼합 전체를 가리키는 데에 '이데올로기'가 사용되었다. '이데올로기'는 이국적이었고 인상적으로 들렸으며, 정치적 논쟁을 구성하는 다양한 '이즘(ism)들'의 주장을 장별로 차례대로 열거하는 많은 책들을 산출할 수 있었다.

이데올로기라는 단어의 스토리는 그 말이 참인 것, 거짓인 것, 정치적인 것을 포괄하듯이 포괄적이라는 점에서 주목할 만하다. 전체 학문 산업이 이 용어의 바로 그 많은 다양한 의미들을 해석하는 프로젝트를 둘러싸고 성장했기 때문에 전문용어가 풍기는 신비주의의 처분에 이 용어를 맡기자는 분명한 입장이 있다. 그러나 이 용어가 가지는 과거와의 연속성은 그 용어가 여전히 유용하다는 것을 암시한다. 정치적 교리와 대조적으로 이데올로기는 배타적 진리를 주장한다. 이데올로기는 세계를 설명할 뿐만 아니라, 반대자들의 헛된 믿음을 또한 설명한다. 이데올로기를 믿는 사람들은 정치를 폐지하고 완벽한 사회를 만들 방법에 대한, 오랫동안 찾아온 지식을 자신들이 소유하고 있다고 주장한다. 어떻게 그런 주장을 시험해볼 수 있을까? 마르크스 자신은 1846년 『포이에르바흐에 관한 테제들』에서 이론적인 문제들이 실천에서 그 해답을 찾는다고 썼다. 마르크스주의의 논리적 특성은, 다른 이데올로기들의 특성이 그렇듯이, 그 추종자들이 권력을 장악했을 때 보인 행동에서 드러났다. 그들이 반드시 행한 것은 진리의 지배를 세우는 것이다. 그곳에서 토의는 사라지며, 이데올로기만이 학교, 대학, 매체, 법정, 그 밖의 모든 곳에서 교육된다. 마르크스주의의 이런 특징은 문화에 영향을 받지 않는 보편적 진리이다. 아메리카 대륙의 스페인령 지역 가운데 쿠바에서, 아프리카에 있는 많은 국가들에서, 중국에서, 그리고 가장 두드러지게 붕괴 전까지 소비에트 연방에서 정확히 똑같은 정책이 채택되었다. 그 정책이 이데올로기 자체에서 직접적으로 나오기 때문이다.

이데올로기와 정치적 교리를 혼동하기가 쉽다. 왜냐하면, 그것들이 어떻게 보이는지가 언제나 대부분 (온갖 수사의 사용과 함께) 청중과 맥락에 의해 결정되기 때문이다. 자유민주주의 국가에서 활동하는 공산주의자들과 그 밖의 이데올로기의 옹호자들은 자신들의 신념을 **마치** 그것이 일반적이고 논증 가능한 근거에 의해 뒷받침될 수 있는 정책 옵션인 **것처럼** 제시해야 한다. 이데올로기적 교조주의는 동료 신자들과 대화할 때 외에는 그저 터무니없어 보이기 때문이다. 다른 한편으로 열성은 **그 어떤** 정치적 교리에도 그것의 원리만이 세계를 악에서 구해낼 수 있다는 신념을 불어넣을 수 있다. 개인들 간의 자연스러운 계약적 관계에 간섭하는 정부에 의해서만 정치적 문제들이 생겨난다고 믿는 자유지상주의자들(Libertarians)은 수사적 논리에서 이데올로기적 논리로 옮겨가고 있다. 때때로 '민주주의'는 모든 정치적 문제가 그저 우리가 (지금은 그렇지 않지만) **진정한** 민주주의자가 된다면 해결될 수 있을 것이라고 생각하는 사람들이 내세우는 표어이다. 우리는 다음과 같이 말할 수 있을 것이다. 이데올로기를 성립시키는 착각은 어떤 가능한 사회 구조가 있어서 그 구조를 성취하면 합리적 행위자가 행복한 세상을 창조할 수 있게 된다는 것이다.

이데올로기를 신호로 알리는 것은 보통 이론에 있는 삼단 구조이다. 그 첫 단계는 과거가 어떤 추상적으로 분류되는 사람들이 받은 **억압**의 역사임을 우리에게 계시한다. 그 억압의 역사는 특정 시기와 장소의 노동자들과 관계된 것이 아니라(정치인은 아마도 이들과 관계되겠지만), 하나의 계급인 노동자들과 관계된 것이다. 또는 여성 일반이나 이런저런 인종과 관계된 것이다. 구체적 불만들은 구조적으로 결정된 억압의 증후군 속으로 모두 휩쓸려 들어간다. 그러므로 현재의 의무는 억압받는 계급을 억압적 체계에 맞선 **투쟁**에 동원하는 것이다. 이 투쟁은 정치의 관습적 영역들에 국한되지 않는다. 투쟁의 불꽃은 도처에서, 심지어 저 멀리 떨어져 있는 정신의 깊숙한 곳에서도 타오른다. 이 투쟁의 목적은 온전히 정의로운 사회를 손에 넣는 것, 즉 일반적으로 **해방**이라고 불리는 과정이다. 그러므로 이데올로기는 억압, 투쟁, 해방이라는 세 가지 주제에 대해 연주되는 변주곡이다.

이와 대조적으로 정치는 어떤 국가도 많은 삶의 방식들을 포함할 것이라고 가정하며, 반응적인 정치 질서가 국민들로 하여금 그들 자신의 성향을 따를 수 있도록 만들어야 한다고 가정한다. 이런 실천은 축구의 대부분이 심판과 논쟁하는 것으로 이루어지지 않듯이 삶의 대부분이 정치에 관한 것은 아닐 것임을 함축한다. 모든 것이 정치적이라는 교리는 법의 지배를 사람에 대한 관리(management)로 대체하려는 이데올로기적 기획의 확실한 신호이다. 정치는 더 나아가 사회가 필연적으로 불완전할 것임을 함축한다. 왜냐하면, 사회가 사람들을 도덕적으로 책임지게 한다면 그들 가운데 일부는 확실히 무책임해질 것이기 때문이다.

이데올로기는 모든 욕구들이 충족되는 어떤 이상의 이름으로 정치에 도전한다. 그러나 이데올로기는 흔히 '필요'라고 불리는 승인된 욕구들의 눈에 띄게 제한된 목록을 제외한 모든 것을 회의 밖으로 배제함으로써 먼저 쟁점을 단순화한다. '공동체'라는 단어는 종종 우리 모두가 어떤 단일한 기초적 역할을 하며, 예컨대 동지로서, 자매로서, 쾌락주의자로서, 또는 그저 인류로서 사는 단순한 삶의 방식을 나타낸다. 지난 두 세기의 고전적인 이데올로기 옹호자들은 혁명의 드라마를 꿈꿨다. 정치적 활동에 관한 그들의 유일한 관념은 이 거대한 사건을 등장하도록 만들기 위해 일하는 것이었다. 어떤 나방도 이 혁명가들보다 더 큰 열성을 가지고 불꽃 속으로 날아들지는 않았다. 혁명은 마약을 복용하는 사람들이 '나쁜 환각(bad trip)'이라고 부르는 것임이 드러났지만, 그 드라마가 등장하는 꿈은 전혀 죽지 않았다. 다음으로 우리는 어떻게 혁명이 현대 사상의 깊은 경향과 섞이는지를 고찰해야 한다.

제 13 장

정치는 21세기에 살아남을 수 있을까

마키아벨리는 『로마사 논고』 제3권에서 기근 때 굶주리는 가난한 사람들에게 음식을 주었던 어느 부유한 로마인의 이야기를 자세히 소개한다. 로마인들은 그 일 때문에 그를 처형했다. 그가 참주가 되기 위해 추종자를 늘리고 있다고 판단한 것이다. 이런 대응은 도덕과 정치의 긴장 관계를 강조하며, 로마인들이 복지보다 자유를 더 염려했다는 사실을 보여준다. 또한 그것은 어떤 행동에 대한 우리의 판단이 정치에 대한 우리의 생각에 달려 있다는 것을 분명히 한다. 로마인들을 참주 같은 타르퀴니우스에게서 해방시킨 유니우스 브루투스는 나중에 자신의 아들들을 새로운 정권에 맞설 음모를 꾸민 죄로 처형했다. 이것이 보여주는 것은 무엇일까? 정치가 더러운 일이라는 것일까? 아니면 인간에게 가능한 가장 영웅적인 성향을 보일 것을 정치가 요구한다는 것일까? 확실히 이 로마인들은 정치가 우리에게 인생이라는 게임을 계속할 수 있도록 해주는 서비스 산업에 불과하다는 시각이나 통치자들이 완벽하게 정의로운 사회를 창조해야 한다는 근대적 시각에 맞춰질 수 없다.

근대의 정치인과 공직자는 굶주리는 사람들과 궁핍한 사람들에게 음식을 줌으로써 자신들의 권력을 증대시킨다. 그러나 우리는 그렇다고 해서 그들을 처형하지는 않는다. 이것이 우리가 자유를 염려하지 **않는다**는 것을 의미할까? 나는 그렇게 생각하지 않는다. 그렇지만 우리와 로마인 사이의 대조는 몇 가지 날카로운 질문을 제기한다. 그것은 정치 자체의 미래에 영향을 주는 질문들이다. 그리고 사태가 어떻게 전개될지에 관해 사색하는 것은 정치사상의 중요한 분야이다. 현재와 미래의 교차보다 정치에서 더 중요한 교차는 없다. 그러면, 이런 논의의 한 가지 모델로서 도덕과 정치라는 쟁점에 대해 생각해보자. 그 쟁점은 다음과 같은 방식으로 표현될 수 있을 것이다. 박애, 자선, 이타주의, 가난한 사람을 돕는 것은 아마도 도덕적으로 칭찬할 만한 일이겠지만, 그런 행위들의 정치적 중요성은 무엇일까?

정치가 일정한 역사적 조건 속에서 태어났고, 같은 방식으로 어쩌면 죽을 수도 있다는 것을 우리가 기억한다면, 우리의 질문은 훨씬 더 예리해질 것이다. 정치는 죽을 수도 있다. 무엇인가 새롭고 더 좋은 것이 태어나고 있기 때문일 수도 있고, 아니면 무엇인가 매우 오래되었지만 회복력 있는 것이 새로운 형태를 취하고 있기 때문일 수도 있다. 그러나 만약 정치라는 활동이 죽게 된다면 국가라는 제도도 정치와 함께 죽을 것이다. 하나를 공격하는 것은 다른 하나를 위협하는 것이다. 우리는 완벽하게 정의로운 사회의 이름으로 국가를 공격하는 이데올로기적 도전에 대해 이미 논의했다. 그곳에서 '사회'는 중요한 용어인데, 그것은 부분적으로 사회의 진정한 성격이 편리하게도 모호하기 때문이고, 또 부분적으로 사회가 (국가는 할 수 없지만) 단일한 삶의 체계를 뜻할 수 있기 때문이다. 이 단일한 체계는 도덕적 판단으로 정치를 대체할 것이다. 그리고 이 체계는 사람들이 완벽하게 사회화했을 것이므로 범죄, 탐욕, 빈곤이 없을 것이라는 기묘한 의미에서 완벽한 사회일 것이다. 그러나 그것은 노력 없는 도덕적 완성일 것이므로 우리는 그것을 차별 없이 도덕성의 승리라고도 묘사할 수 있을 것이고 도덕성의 소멸이라고도 묘사할 수 있을 것이다. 이런 것이 우리가 탐색하고 있는 역설의 한 가지 형태이다.

이 영향력 있는 기획을 우리는 '정치적 도덕주의'라고 부를 수 있을 것이다. 그것이 여러 상이한 영역에서 작동하는 것을 우리는 볼 수 있다. 그리고 떠오르는 국제적 도덕 질서가 국민적 주권 국가를 대체해야 한다는 기획을 통해 정치적 도덕주의가 작동하는 방식을 예증할 수 있을 것이다. 때때로 국제주의는 마땅히 지지해야 할 기획처럼 제시되고, 더 일반적으로는 사태의 불가피한 (그리고 바람직한) 전개에 대한 분석처럼 보인다.

국제주의가 답으로서 제시된 첫번째 문제는 전쟁이다. 우리는 앞에서 왕조들이 전쟁의 원인으로 지목되었고 공화국이 그에 대한 해결책으로 여겨졌다는 것을 살펴보았다. 전쟁이 나쁜 제도에서 비롯한다는 주장의 이 새로운 형태에서는 국민적 주권 국가가 전쟁의 원인으로 간주되고 국제 정부의 성장이 그에 대한 해결책으로 여겨진다. 나쁜 제도가 사회악을 일으킨다는 이론은 인간이 자신을 둘러싼 제도를 단순히 반영하는 유연한 피조물이라고 가정한다. 바꿔 말하면, 그 이론은 '인간 본성'이라고 불릴 수 있는 것이 거의 없거나 아예 없다고 가정한다. 만약 인간이 이런 식으로 유연하다면 우리는 전쟁 문제뿐만 아니라 그보다 훨씬 더 근본적인 정의의 문제도 해결할 수 있을 것이다. 이런 생각을 가지고 몇몇 국제주의자들은 최소한 근대적 세계에서 우리가 이용할 수 있는 물질적이고 도덕적인 혜택들(이를테면 권리들)을 세계의 모든 인민들 사이에서 정의롭게 분배하려고 노력한다. 그러나 이 교리를 판독해보면, 정치를 도덕으로 대체하려는 야심이 정치를 떠받치는 두 개의 중심 기둥을 무너뜨리는 일과 관련된다는 것을 알 수 있다. 그 두 개의 기둥 가운데 하나는 자기에게 관심을 가지는 존재로서의 개인이고, 다른 하나는 그저 집단의 이기심을 조직한 것이라는 이유에서 때때로 국민주의(nationalism)라고 불리는 국민국가(nation-state)이다. 이런 형태의 주장에서 도덕은 그저 이기적이지 않은 나눔과 동일시되고, 정치는 더러운 일로 간주된다.

이런 종류의 기획은 〔인류의 조상이라고 불리는—옮긴이〕 아담의 시대부터 〔도래할 점성학적 시대인—옮긴이〕 물병자리의 시대까지 모든 세대가 인간의 조건을 크게 개선하는 일에서 큰 진보를 이루는 데에 왜 실패해왔는지를 설명할 필요가 있다. 그리고 이때 현대의 정치적 도덕주의 이론은 이데올로기에서 설명을 빌려온다. 정의의 실현이 지금까지 국가를 늘 통제해온 지배적 엘리트 집단의 이해관계에 의해 가로막혀왔다는 것이다. 이 이론의 더 오래된 형태에서는 부자와 빈자, 부르주아와 프롤레타리아, 제국주의자와 예속민이 나란히 놓인다. 최근의 이론은 억압 관계, 즉 흑인을 억압하는 백인, 여성을 억압하는 남성 등에 초점을 맞추었다. 이것의 대부분이 통속극적 풍자일지는 몰라도 그것은 〔고대 그리스 아테네의 개혁가—옮긴이〕 솔론의 시대부터 지금까지 지속되어온 정치의 한 가지 중요한 특징과 관련된다.

그 특징은 정치가 힘 있는 자들, 즉 시민, 귀족, 재산소유자, 가부장의 일이었다는 사실이다. 이들은 모두 권력과 지위를 가졌다. 국가는 그것이 어떤 형태이건 간에 자기가 가진 자원을 **독립적으로** 처분할 수 있는 사람들의 연합이어야 한다는 것이 국가 관념에 본질적이었다. 이 엘리트 집단이 보유하던 권리는 몇 세기를 지나며 보편적 시민권이라는 근대적 권리가 되어 일반화했지만, 먼저 힘 있는 소수가 누리는 지위로서 운용되었다. 국가가 전제로 변할 수 없었던 이유는 정확히 국가가 주인처럼 행동하는 인물들로 구성되었기 때문이었다. 이런 부류의 개인들은 그들 자신의 기획을 가지고 있어서 다른 누군가의 기획의 도구가 되려고 하지 않았다. 이런 의미에서 전제와 정치는 정확히 반대된다. 그리고 국가는 자기의 소유를 처분할 개인의 권리에 의해 구별되었다.

정치적 도덕주의는 시민의 독립을 자유를 보장하는 것으로 여기지 않고 세계를 도덕적으로 바꾸려는 기획의 장애물로 여긴다. 자기의 소유를 원하는 대로 처분하는 독립적 개인들은 이기심과 동일시되고 빈곤의 원인으로 여겨진다. 사회적으로 정의로운 세계가 근대 사회에 매우 풍부하게 쏟아지는 재화들의 합리적 분배를 요구한다고 사람들은 생각한다. 그러나 국가는 그 권한이 헌법상 법에 의한 지배로 제한되어 있어서 재화를 합리적으로 분배하고 부정의의 토대가 되는 태도들을 교정하는 엄청난 과업을 수행하기에 불완전한 도구이다. '국가'라고 불리는 존재가 만약 자기의 성격을 바꿀 수 있다면 이 어려운 과업에 적합해질 수 있을 것이다. 그리고 사실 이 성격은 경제가 만들어내는 부를 처분할 중앙 권력에 충분히 접근할 수 있을 때 바뀌는 경향이 있다.

근대 정치는 주목할 만한 딜레마를 생성하고 있다. 인간의 조건을 도덕화하는 일은 우리가 세계를 어떤 사회 정의의 관념에 부합하게 만들 수 있을 때에만 가능하다. 그러나 과거의 불평등은 서구 문명이 자기의 자유롭고 독립적인 관습과 양립할 수 없다는 것을 아주 오래전에 발견한 바로 그 사회적 질서의 형태, 곧 전제정을 세우지 않고서는 넘어설 수 없다. 약속은 정의이고, 대가는 자유이다.

삶의 다른 모든 일들처럼 정치도 어려운 선택과 관련된다. 어려운 선택과 관련해 할 수 있는 가장 멋진 일은 그 선택을 피하는 것이다. 이때 의미론상의 헛소리는 도움이 된다. 아주 새로운 의미의 '정치'가 이 일을 하기 위해 등장했다. 그것을 계속 추적하지 않으면 우리는 근대 세계를 이해하는 일에서 모두 망연자실하게 될 것이다. 이 새로운 의미의 핵심은 '정치'가 삶의 모든 작은 디테일을 포괄하기 위해 만들어진다는 데에 있다. 그것은 자기도 전혀 모르는 사이에 일어나는 의미론상의 표류이다. 그냥 눈에 띄는 대로 예를 들어보자. 자살을 시도해서 얻게 된 누군가의 손목 흉터를 확대한 어느 사진가의 이미지들은 언론에서 "고백적인 것과 형식적인 것, 정치적인 것 간에 섬세하게 맞춰진 균형"이라고 묘사된다. 아동 학대, 여성 동성애, 납치, 그 밖의 사회적 이슈들을 프로그램 속에 집어넣은 텔레비전 연속극 프로듀서의 다음과 같은 말이 인용된다. "그것은 정치를 프로그램 속으로 다시 되돌려놓으려는 저의 의식적인 결정이었습니다." 여기에서 정치는 입법부, 사법부, 행정부에 있는 그것이 익숙하게 출몰하던 곳을 탈출해 거리를 배회하다가 부엌과 침실의 저 먼 구석에 침입한다. 정치는 온갖 가치들과 동일한 것이 되었다.

대조를 정확하게 해보자. 근대적 세계에서 정치는 일반적으로 시민 연합, 즉 국가의 일과 관련된 활동이었다. 국가가 제공한 형식적 틀 안에서 개인들은 생산하고 소비할 수 있었고, 서로 사회적으로 연합할 수 있었으며, 예배하거나 예배하지 않을 수 있었고, 예술의 형태로 자기를 표현할 수 있었다. 정치는 그 한계에 의해 엄격하게 정의되었다. 정치의 한계는 이 복잡한 문명이 작동하기 위해 필수적인 것이었다.

그러나 이 새로운 의미의 정치에는 한계가 없다. 사람들이 자기의 손목을 칼로 긋는 곳이나 아이들이 매 맞는 곳, 레즈비언들이 온전히 수용되지 않는 곳에서 우리는 **정치적** 행동을 취해야 한다. 정치적 행동이 요구하는 것은 조화가 궁극적으로 이길 수 있도록 태도를 바꾸는 것이다. 정치학에서 사용하는 유명한 표현처럼 정치는 "가치의 권위적 배분"이 된다. 그러나 무엇을 칭찬하고 비난해야 하는지를 우리에게 말해주는 것은 사회의 일이다.

이 변화의 범위와 의미를 과장하기는 어려울 것이다. 어떻게 그런 일이 이루어졌을까? 무엇을 수단으로? 대략의 대답은 공중의 판단이 독립적인 것을 이기적인 것으로 모욕하게 되었고, 또한 우리의 사회적 조정에 대한 도덕적 고발의 차원에서 의존적인 빈자의 고통에 초점을 맞추게 되었다는 것이다. 〔영국의—옮긴이〕 근대 초기부터 국가는 빈민구제법을 통해 행정 교구(敎區)로 하여금 가난한 자들을 책임지도록 조정했지만, 이따금 그들이 무질서를 가져올 위협이 되는 때를 제외하면, 가난한 자들은 최근까지 정치적으로 중요하지 않았다. 그러나 19세기를 지나며 투표권이 확대되자 복지가 통치자들에게, 전쟁이 늘 그래왔던 것처럼, 관심을 끄는 일이 되었다. 한편에서는 외국의 적들이, 다른 한편에서는 가난한 자들이 정치적으로 관심을 끌었다. 정부가 가진 눈부신 권력을 행사할 근거를 그들이 성립시켰기 때문이다. 가난한 자들은 참으로 큰 관심의 대상이 되었기 때문에 사라지도록 허락될 수 없었다. 그리고 빈곤은 평균 수입의 증가 수준에 따라 상대적인 것으로서 완전히 새롭게 정의되었다. 그것은 가난한 자들을 계속 존재하도록 하기 위해서였을 뿐만 아니라 실제로 그 수를 증가시키기 위해서이기도 했다. 이와 동시에, 억압받는다고 가정되는 현대 사회의 새로운 부류의 구성원들이 빈곤을 재분배적 국가에서 이익을 얻어낼 수단으로 이용하기 시작했다.

이것이 20세기에 국가가 의존을 발견한 방식이다. 의존은 이전에는 도덕의 영역에서 하나의 작은 구역 이상을 차지하지 않았다. 자선과 같은 하나의 도덕적 덕목이 정치화한 형태로 정치를 접수할 정도로 팽창했다. 이것은 여러 가지 이유에서 의미심장한 발전이었다. 그 이유 가운데 하나는 의존이 특별히 흥미로운 개념이라는 것이다. 의존이 종교적 사유의 방향을 보여주기 때문이다. 기독교의 핵심은 우리가 모두 전적으로 의존적인 신의 피조물이라는 것이다. 19세기의 무신론자들은 신을 그저 인간에게 위로가 되는 환상이라고 생각했지만, 인간이 의존적인 피조물이라고 똑같이 주장했다. 다만 여기에서 의존은 신에 대한 것이 아니라 사회에 대한 것이었다. 예를 들어, 마르크스주의적 용어로 표현해, 자기를 창조했다는 망상으로 인해 고통받는 사람들인 부르주아적 개인주의자들은, 기독교적 용어로 표현해, 교만의 죄로 인해 고통받는 사람들인 셈이다. 그들은 우주의 중심에 신 (또는 사회) 대신 자기를 놓았다. 이 새로운 종교적 경향의 용어로 표현하자면, 사익추구는 죄이다. 왜냐하면, 그것은 자기가 사회와 무관하다고 선언하는 것이기 때문이다. 이상적인 상태는 우리 모두가 이타적으로 사회에 기여하고, 사회로부터 오로지 보건, 교육, 그리고 사회가 모든 사람에게 평등하게 제공하는 다른 서비스만을 받는 것이다.

정치는 우리의 인간성과 풀 수 없게 묶여 있어서 국가의 변화는 종교, 문화, 도덕, 그리고 그 밖의 많은 것에 영향을 끼친다. 이것은 변화가 우리가 알아볼 수 없을 정도로 서서히 일어날 때에도 마찬가지로 참이다. 이때 변화들은, 언제나 그렇듯이, 한 사회에서 통용되는 도덕적 경건함에 의해 가려진다. 그러나 우리는 정치적 도덕주의의 몇 가지 모습을 정치의 **내용**과 **형식**을 구분함으로써 분석할 수 있을 것이다. 정치적 도덕주의의 내용은 정치적 도덕주의가 가르치는 자세한 도덕적 태도에서 발견될 수 있다. 그 내용은 인류의 고통을 제거하려면 우리에게서 삶에 대해 보다 자기희생적인 태도를 가질 것을 요구하는 전문가들이 우리를 관리해야 한다는 것이다.

정치적 도덕주의의 형식은 실천적이기보다는 이론적이고, 구체적이기보다는 추상적이다. 프랑스혁명 이래로 정치는 보통 지역의 문제들이 법체계에 요구하는 것과 관련해 논의되기보다 교리나 이데올로기와 관련해 논의되어왔다. 자유민주적인 서구처럼 정치가 완전히 이데올로기에 길을 내주지 않은 곳에서조차 정치는 개선을 위한 청사진을 실행할 행동에 대한 끝없는 관심에 종속되어왔다. 예컨대, 토머스 페인은 더 나은 사회를 창조하는 일에서 인간의 권리가 입법자들을 안내할 하나의 이론을 제공한다고 생각했지만, 자기 세대가 다음 세대를 구속할 권리를 가진다고 생각하지는 않았다. 더 대담하게 이론적인 우리 시대에 정치인들은 자신들이 더 정의로운 사회를 최종적으로 건설하는 과업에 종사한다고 생각한다. 그 사회는 한번 세워지면 변경될 필요가 없을 것이다.

그 사회를 세울 때 사용되는 벽돌은 필연적으로 개인들의 마음이다. 그 사회는 올바른 태도에서 흘러나오는 행동에 의존한다. 그리고 여기에서 다시 우리는 근대의 정치적 변화가 가진 한 가지 특징을 만나게 된다. 이 변화의 성격은 전체주의에 대한 풍자에서 가장 잘 파악될 수 있다. 전체주의적 지도자들이 대중에게 아첨하고 대중을 감언으로 속인다는 사실이 기억날 것이다. 그들은 대중에게 온갖 진보적인 생각들을 선언하지만, 사실 대중을 전혀 마음에 두지 않으며, 오히려 대중을 죽이고, 대중에게 이데올로기라는 죽은 짐을 부과한다. 근대 민주정도 유사한 발전을 보인다. 통치자들은 시민들에 의해 선출되지만 그 시민들을 어리석은 존재처럼 취급한다. 참으로 역설적인 것은 통치자에 의해 그처럼 확실하게 어리석은 존재 취급을 받는 유권자들이 그 통치자를 선출할 권한을 가져야 한다는 사실이다. 주목할 만한 한 가지 모순이 민주정의 이론과 실천 사이에서 생겨나고 있는 것이다.

상황이 이렇다는 증거는 이제 명백하다. 예컨대, 프랑스 정부는 프랑스 국민들이 외국인에게 좀더 정중해야 한다고 말하면서 캠페인을 벌인다. 미국 정부의 공중위생국장은 미국인들이 무엇을 먹고 마셔야 하는지를 말한다. 모든 나라에서 정부는 교육 정책을 지시하는데, 그 근거는 부모들이, 적어도 많은 부모들이 자기 자녀에게 무엇이 최선인지를 알지 못한다는 것이다. 많은 나라에서 입법은 국민들이 해도 되는 농담 같은 것들을 포괄한다. 독일 정부는 독일 국민에게 홀로코스트를 믿도록 강제하는 법을 제정하고, 영국 정부는 안전한 성생활의 실천에 관해 유용한 지침을 제공한다.

근대 정부가 가진 이런 새로운 특징들은 가난한 자와 의존적인 자의 의미를 파악할 단서를 우리에게 제공해준다. 그들은 지렛대이다. 그들을 이용해 정부는 모든 사람에 대해, 즉 의존적인 사람에 대해서나 독립적인 사람에 대해서나 똑같이 권력을 축적한다. 정치적 도덕주의의 작업가설은 모든 사람이 의존적이고 어리석다는 것이다. 오류가 기어들어오는 것을 완벽한 세계가 허용할 수 없음을 가정하면, 그것은 만들 수 있는 가장 안전한 가설이다. 도덕과 예의는 완벽한 사회를 지탱하는 연약한 기둥들이다. 왜냐하면, 인간이 종종 비도덕적이고 예의 없는 방식으로 행동하기 때문이다. 그러나 그저 행실만이 이 새로운 형태의 정치의 일부가 된 것은 아니다. 사람들의 성격 자체가, 특히 억압자임이 확인된 집단의 성격이 바뀌어야 한다. 남자들은 '마초'가 되기를 멈춰야 하고, 고용자들은 덜 '움켜쥐어야' 하고, 이성애자들은 로맨스나 가족에 대한 자신들의 생각을 '특권화'하기를 단념해야 하고, 백인들은 흑인들에 대해 더욱 사려 깊게 변해야 한다. 그리고 모든 서구 국가의 의료 당국에 따르면, 모든 사람은 덜 뚱뚱해져야 하고, 자살도 덜 시도해야 하고, 알코올에도 덜 중독되어야 한다.

이를 다음과 같이 요약할 수 있을 것이다. 정치라고 불리던 것의 형식이 더 많이 이론화할수록 정치적 문제들이 더 많이 관리의 대상으로서 재해석된다. 상이하고 갈등하는 집단들을 평화롭게 더불어 살 수 있도록 하는 가장 덜 억압적인 법률을 애써 성취하는 일은, 이제 상이한 집단들이 자신의 태도가 궁극적으로 조화를 가져다줄 것이라는 희망을 가지고 상대를 향해 서로 취하는 태도를 조작하고 관리하는 일로 대체되고 있다. 다른 말로 하면, 이 새로운 형태의 사회에서 인간은 최신 도덕 이념에 따라 빚어져야 할 질료가 되고 있다.

과거의 흔적은 언제나 계몽적이다. '쿠이 보노(Cui bono)?' 누구에게 이익이 되는가? 로마인들은 묻곤 했다. 평등주의적 세계에서 모든 사람은 평등하다. 아마도 평등을 관리하는 사람들을 제외하면 그럴 것이다. 삶이라는 게임의 규칙들을 그 어느 때보다도 더 자세하게 설명하는 것을 업으로 삼는 사람들, 그리고 갈등을 심판하는 것을 업으로 삼는 사람들, 그리고 시대에 뒤떨어진 사람들에게 정의로운 사회가 요구하는 생각들을 가르치는 것을 업으로 삼는 사람들을 위한 끝없는 일이, 그리고 손해되지 않는 일이 가까운 미래에 확실히 있을 것이다. 정치는 죽었을 테지만 모든 것이 정치일 것이다.

이 입문서는 정치 이론의 한 가지 예를 제시하며 끝난다. 그것은 논쟁을, 어쩌면 약간의 분노마저 유발할지 모르는 주장이다. 그런데 그것이 정말로 논쟁을 유발한다면, 우리가 지금까지 공부해온 다면적인 것의 한 가지 측면을 그것이 추가로 예증하는 데에 성공했음을 의미할 것이다. 안녕히!

독서안내

먼저, 정치사상의 고전들이 있다. 고전은 놀랄 만큼 재미있다(이것이 그 책들이 고전이 된 이유이다). 고전은 또한 우리가 참조할 언어를 구성한다. 정치학을 공부하는 모든 학생들은 그 언어로 정치적 주제에 관해 토론한다. 마키아벨리주의자, 홉스주의자, 마르크스주의자 등은 핵심 정치 용어이다. 여기에 열거된 책들은 다양한 판본으로 나와 있다.

플라톤, 『국가』
아리스토텔레스, 『정치학』
마키아벨리, 『군주론』
홉스, 『리바이어던』
로크, 『통치론』
루소, 『사회계약론』
버크, 『프랑스혁명에 대한 성찰』
존 스튜어트 밀, 『자유론』
카를 마르크스 · 프리드리히 엥겔스, 『공산당 선언』
알렉시 드 토크빌, 『미국의 민주주의』

정치학, 국제관계, 정치경제, 그리고 연관된 주제에 관한 유익한 입문서가 많이 있다. 다음은 몇 가지 중요한 저작들로서, 그 대부분은 세월의 시험을 견뎌냈다.

Gabriel Almond and Sidney Verba, *The Civic Culture Revisited*, Sage, 1989.

Walter Bagehot, *The English Constitution*, Fontana, 1988. (월터 배젓, 『영국 헌정』, 이태숙 · 김종원 옮김, 지식을만드는지식, 2012.)

Brian Barry, *Political Argument*, Harvester Wheatsheaf, 1990.

Hedley Bull, *The Anarchical Society*, Macmillan, 1977, 2/e 1995. (헤들리 불, 『무정부 사회』, 진석용 옮김, 나남, 2012.)

Bernard Crick, *In Defence of Politics*, Penguin, 1993.

Louis Hartz, *The liberal Tradition in America*, Harcourt Brace, 1962. (루이스 하츠, 『미국의 자유주의 전통』, 백창재 · 정하용 옮김, 나남, 2012.)

F. A. Hayek, *The Road to Serfdom*, Routledge, 1991. (프리드리히 A. 하이에크, 『노예의 길』, 김이석 옮김, 나남, 2006.)

Christopher Hood, *The Art of the State: Culture, Rhetoric, and Public Management*, Oxford University Press, 1998.

Elie Kedourie, *Nationalism*, Blackwell, 1993.

Ferdinand Mount, *The British Constitution Now*, Mandarin, 1993.

Michael Oakeshott, *Rationalism in Politics*, Liberty Press, 1991.

Mancur Olson, *The Logic of Collective Action*, Harvard University

Press, 1965. (멘슈어 올슨, 『집단행동의 논리』, 최광 · 이성규 옮김, 한국문화사, 2013.)

Arlene Saxonhouse, *Women in the History of Political Thought*, Praeger, 1985. (아를린 색슨하우스, 『정치 사상과 여성』, 박의경 옮김, 전남대학교출판부, 2015.)

Robert Skidelsky, *The Road from Serfdom*, Penguin, 1995.

R. H. Tawney, *Equality*, Volume 1 of *Theories of the Mixed Economy*, ed. David Reismann, Pickering and Chatto, 1994.

Sidney Verba and Norman Nie, *Participation in America*, University of Chicago Press, 1987.

Kenneth Waltz, *Man, The State and War*, Columbia University Press, 1965. (케네스 월츠, 『인간 국가 전쟁』, 정성훈 옮김, 아카넷, 2007.)

역자 후기

이 책의 저자 케네스 미노그(Kenneth Robert Minogue)는 1930년 9월 11일 뉴질랜드에서 태어났다. 오스트레일리아에서 고등학교와 대학교 공부를 마친 후 미노그는 영국으로 건너가 런던정치경제대학교(LSE)에서 공부했다. 그의 지도교수는 20세기 영국의 대표적 보수주의 정치철학자 마이클 오크쇼트(Michael Joseph Oakeshott, 1901~1990)이다. 미노그는 런던에서 교사로 잠시 근무한 후, 엑시터 대학에서 1년간 강사 생활을 하다가 1956년에 다시 LSE로 돌아가 그곳에서 줄곧 정치학을 가르쳤고, 1984년부터 1995년까지 교수로 재직했다. 그곳에서 당대의 저명한 보수적 정치철학자와 평론가 집단 안에서 핵심 인물로서 활동했다. 1983년부터 2009년까지 영국의 보수적 싱크탱크 '정책연구센터(Center for Policy Studies)'의 이사였고, 1991년부터 1993년까지 유럽연합에 회의적인 싱크탱크 '브루제 그룹(The Bruges Group)'의 의장이었다. 미노그는 2013년 6월 28일 82세의 나이로 타계했다.

미노그의 이력에 대한 간략한 설명에서 이미 뚜렷이 드러나듯이 그의 정치적 입장은 국내적으로는 보수적이고 유럽연합에 대해서는 회의적이다. 그는 자신의 정치적 견해를 책과 논문, 그리고 각종 기고문을 통해 꾸준히 밝혀왔다. 1963년에 출간한 첫번째 책 『자유로운 정신The Liberal Mind』에서 그는 '리버럴'과 '리버럴리즘'의 의미가 왜곡된 현실을 비판하고, 그 진정한 의미를 밝히려고 시도했다. 이런 그의 생각은 이 책 『정치』에서 그가 '독립'과 '의존', '정치'와 '전제'를 지속적으로 대비시키는 데에서도 잘 드러난다. 그가 생각하는 자유주의는 전제로부터의 해방이다. 그러나 이후의 역사에서 자유주의는 해방을 위해 끊임없이 억압을 찾아내고 억압으로부터의 해방을 위해 국가 권력이 개입하는 것을 정당화하는 쪽으로 잘못 나아갔다. 그 결과는 사람들을 끊임없이 국가 권력에 의존하게 만드는 것이고, 사실상 전제를 부활시키는 것이다. 미노그의 이런 시각은 대학에 대한 비판과 유럽연합에 대한 비판으로도 이어진다.

미노그는 모든 것을 정치적인 것으로 파악하고 더 나아가

옳고 그름의 문제로 이해함으로써 인간의 삶 전체를 도덕적 선(善)의 실현을 위한 권력 투쟁의 장소로 만들고, 권력을 사용해 그 도덕적이면서 동시에 정치적인 문제를 해결하려고 하는 기획을 비판한다. 모든 것이 정치적이라는 주장을 받아들이는 사람에게는 이런 미노그의 비판이 이른바 '비정치적' 영역에서 은밀하게 작동하는 권력을 무시함으로써 사실상 기존의 권력관계를 옹호하는 보수적 태도로 여겨질 것이다. 그러나 미노그는 정치를 정치가 아닌 다른 무엇으로 환원하는 이런 시각이 위험하다고 생각한다. 20세기의 전체주의적 기획이 바로 정치에 대한 이런 환원주의적 시각과 연결되어 있으며, 그것이 정치의 종말과 함께 자유의 종말을 가져온다는 것이 미노그의 생각이다.

미노그에 관한 글들에서 빠짐없이 등장하는 말이 그가 매우 예의 바른 사람이었다는 것이다. 그는 스승 오크쇼트를 비롯한 대개의 보수적 정치철학자들과 다르게 논쟁에 참여하기를 주저하지 않았지만, 그래서 논쟁의 상대방에게는 공격적으로 보였지만, 그 태도만큼은 언제나 정중했다고 한다. 그리고 그런 태도를 그저 전략적 고려에서 외형으로서만 추구한 것이 아니라, 그것 자체를 자신이 생각하는 보수적 정치철학의 핵심으로 여겼다고 한다. 목적지에 도달하는 것보다 목적지에 이르는 과정 자체가 더 중요하다고 생각했다는 것이다. 그래서 그는 이데올로기에 사로잡혀 목적의 선함에 대한 확신을 가지고 그곳에 이르기 위해 수단과 방법을 가리지 않는 사람들을 비판했다. 미노그의 이런 생각과 태도는 이 책 『정치』에서도 잘 드러난다.

1995년에 출간된 이 책은 옥스퍼드 대학교 출판부에서 펴낸 입문서 시리즈의 하나이다. 매우 짧은 만큼 매우 압축적으로 서술되어 있어서 이해하기가 쉽지 않다. 이 압축적인 서술이 또한 영국의 역사와 정치에 대한 이해를 전제하고 있기 때문에 한국인 독자에게는 조금 어렵게 느껴질 수 있다. 정치학을 20년 넘게 공부했고 서양정치사상사를 전공한 옮긴이에게도 맥락과 내용을 이해하기가 쉽지는 않았다. 그런 의미에서 '매우 짧은 입문서'인 것은 분명하지만, 쉬운 입문서는 아니다. 그러나 이해하기 까다로운 만큼 독서의 기쁨은 크다.

이 책은 정치에 세 가지 차원에서 접근하고 있다. 먼저 역사적 차원에서 정치에 접근하고 있고, 다음으로 경험적 차원에서, 그리고 마지막으로 과학적(학문적) 차원에서 정치에 접근하고 있다. 기존의 정치학 교과서들이 현대 정치학자들의 연구 성과들을 소개하는 방식으로 '정치학'을 소개한다면, 이 책은 '정치' 자체를 소개한다. 근대 사회에서 정치가 상이한 방식으로 경험되고, 과학적으로 또는 이데올로기적으로 다루어지는 것도 소개하지만, 그 모든 것을 특히 역사적 시각에서 서술하고 있다는 것이 이 책이 가진 특징이자 가장 큰 장점이다. 역사적 시각을 가지지 못할 때 자칫 우리의 현재적 경험과 이해를 부당하게 특권화하는 오류를 범할 수 있기 때문이다. 이 점에서 이 책은 기존의 정치학 교과서와는 사뭇 다르지만, 정치에 대한 우리의 이해를 더욱 깊게 해줄 훌륭한 정치학 교과서이다.

이 책은 이미 한국어로 두 차례 옮겨진 바 있다. 이 책의 압축적이고 역사적인 서술 방식과 이데올로기에 대한 비판적 시각 등이 마음에 들어서 대학에서 정치학 입문 과목을 가르칠 때 여러 번 이 책을 주교재나 부교재로 선택해 학생들에게 읽혀왔지만, 늘 번역의 상태가 못마땅했다. 그래서 새로운 번역본이 나오기를 기대했는데, 어쩌다보니 옮긴이가 직접 번역을 맡게 되었다. 유려한 한국어로 옮기지 못한 것은 능력이 부족한 탓이다. 그러나 적어도 기존의 번역본들이 범한 내용상의 오류들은 확실히 제거했다고 자부한다. 다소 빽빽한 번역 문투에 조금만 익숙해지고 나면 압축적 문장 속에 숨은 저자의 깊은 생각을 독자가 어렵지 않게 읽어낼 수 있을 것이라고 생각한다. 기본적으로 20세기 후반의 영국적 맥락에서 쓰인 책이지만 21세기 초반의 한국적 맥락에서도 충분히 의미 있게 읽힐 수 있을 것이다. 특히 냉전적 반공주의에 기대어 수명을 연장해온 가짜 보수 세력이 몰락하고 있는 상황에서 보수의 재정립을 위한 지적 성찰에도 기여할 수 있을 것이다.

이 책에 등장하는 각종 개념과 인물에 일일이 주석을 달지는 않았다. 간단한 정보는 독자가 얼마든지 인터넷을 통해 찾아볼 수 있다고 생각했기 때문이다. 그 이상의 설명과 깊이 있는 공부를 원하는 독자에게는 저자가 제시하는 도서 목록이 도움이 될 것이다. 그 밖에 도움이 될 만한 도서 몇 권을 더 소개하자면 아래와 같다.

박지향, 『클래식 영국사』, 김영사, 2012.

마이클 오크쇼트, 『신념과 의심의 정치학』, 박동천 옮김, 모티브북, 2015.

우노 시게키, 『서양 정치사상사 산책』, 신정원 옮김, 교유서가, 2014.

전경옥 외, 『서양 고대 · 중세 정치사상사』, 책세상, 2011.

강정인 외, 『서양 근대 정치사상사』, 책세상, 2007.

김경희, 『근대 국가 개념의 탄생』, 까치, 2018.

한나 아렌트, 『인간의 조건』, 이진우 옮김, 2017.

서병훈, 『위대한 정치』, 책세상, 2017.

강정인 외, 『유럽 민주화의 이념과 역사』, 후마니타스, 2010.

존 로크, 『관용에 관한 편지』, 공진성 옮김, 책세상, 2008.

정치

POLITICS

초판 1쇄 인쇄 2018년 6월 26일
초판 1쇄 발행 2018년 7월 6일

지은이 케네스 미노그
옮긴이 공진성
펴낸이 염현숙
편집인 신정민

편집 최연희
디자인 강혜림
저작권 한문숙 김지영
마케팅 정민호 방미연 한민아 최원석
홍보 김희숙 김상만 이천희
제작 강신은 김동욱 임현식

제작처 한영문화사(인쇄) 한영제책사(제본)
펴낸곳 (주)문학동네
출판등록 1993년 10월 22일
제406-2003-000045호
임프린트 교유서가
주소 10881 경기도 파주시 회동길 210
문의전화 031) 955-8889(마케팅)
031) 955-2692(편집)
팩스 031) 955-8855
전자우편 gyoyuseoga@naver.com
ISBN 978-89-546-5196-7 03300

• 이 도서의 국립중앙도서관 출판예정도서목록(CIP)은
서지정보유통지원시스템 홈페이지(http://seoji.nl.go.kr)와
국가자료공동목록시스템(http://www.nl.go.kr/kolisnet)에서 이용하실 수 있습니다.
(CIP제어번호: CIP2018018671)

www.munhak.com